Spannende und lustige Lesetests für die 3. und 4. Klasse:

Mit 10 Minuten täglich zum Lernerfolg

INHALT

EINLEITUNG

Das Lesen zu lernen ist eine Sache, die gelesenen Wörter sowie Texte zu verstehen hingegen eine ganz andere. Das fehlende Textverständnis, welches in der Grundschule dann vielleicht noch auf die leichte Schulter genommen wird, kann schnell auf der weiterführenden Schule zum großen Problem werden. Verstehen Schüler und Schülerinnen das Gelesene nur teilweise oder gar nicht, können sie schließlich aus dem Text auch nichts lernen.

Für viele Kinder ist das Leseverstehen eine enorme Herausforderung. Somit ist es enorm wichtig, das sichere Lesen, aber auch das Verstehen des Gelesenen noch nach der Schule zu üben, wobei der Spaß hier nicht einfach außen vor gelassen werden sollte. Spannende, aber dennoch lehrreiche Texte wecken in der Regel nun einmal das Interesse eines jeden Kindes und sorgen dafür, dass dieses motiviert ans Werk geht. Nur mit den richtigen Texten bzw. kleinen Geschichten will ein Kind herausfinden, was tatsächlich in diesen steht. Mit den passenden Themen lassen sich sogar Lesemuffel zum freiwilligen Üben motivieren.

Und genau solche Texte bzw. Geschichten kann Ihr Kind in diesem Buch für sich entdecken. Insgesamt finden Sie und Ihr Kind hier 92 Übungen, die sich mit unterschiedlichen spannenden Themen befassen. So gibt es in diesem Buch zum Beispiel spannende Geschichten, die sich mit dem Thema „Die Welt und du" befassen. Auch an Sachkunde-Texten fehlt es nicht und natürlich gibt es auch ein wenig unnützes Wissen, welches das Lernziel dennoch verfolgt. So lernen Dritt- und Viertklässler hier, was es mit dem Karneval in Rio de Janeiro auf sich hat, wie es ist, ganz alleine mit dem Zug zu fahren, wie viele Seiten das Internet hat, warum Flugzeuge überhaupt fliegen können und noch vieles mehr.

Mit dieser Lektüre trainiert Ihr Kind also nicht nur allein das Lesen sowie das Leseverstehen, sondern lernt auch spielend zahlreiche Fakten, mit welchen man doch hervorragend in der Schule glänzen kann. Das macht nicht nur Spaß, sondern wird sich auch in besseren Noten widerspiegeln.

Alle Geschichten, die Ihr Kind hier finden kann, sind so ausgelegt, dass Ihr Kind diese selbstständig lesen und bearbeiten kann. Jedes einzelne Kapitel ist außerdem in Texte für die dritte und vierte Klasse unterteilt, sodass dieses Buch gleich zwei Schuljahre lang als Übungsheft herhalten darf.

Recht schnell werden Sie feststellen, dass Ihr Kind diese Aufgaben auch ohne Ihre Hilfe lesen, verstehen und lösen kann. Gerade wenn es um das Verstehen des Gelesenen geht, ist es stets ein Pluspunkt, wenn es einen klaren Ablauf gibt. Dies wird Ihrem Sohn bzw. Ihrer Tochter auch in der Schule sehr weiterhelfen und keineswegs nur allein im Deutschunterricht. In Zukunft wird Ihr Kind einen jeden Text zügiger erfassen können.

WIE DU DEN TEXT RICHTIG LIEST

Um zu lernen, wie man einen Text richtig liest, bedarf es schlichtweg nur etwas Übung. Am besten eignen sich Texte, die dem jeweiligen Leselevel entsprechend angepasst sind. Themen, die Ihr Kind interessieren, sind da natürlich immer von Vorteil. Schließlich lesen auch wir Erwachsenen freiwillig kaum ein Buch, welches uns langweilig erscheint. Üben sorgt bekanntlich dafür, dass man zum Meister wird, und auch du wirst mit jeder Übung hier schneller und besser werden. Im Nu fällt es dir leicht, das Gelesene zu verstehen.

Folgender Ablauf erleichtert dir das Lesen und das Verstehen des Gelesenen:

1. Lies dir den Text bzw. die Geschichte einmal genau durch.

2. Danach unterstreichst du sämtliche Wörter mit einem farbigen Stift, die du nicht verstehst. Versuche anschließend, dir diese Wörter aus dem Zusammenhang heraus selbst zu erklären. Gibt es dann immer noch Wörter, die du nicht begreifst, frage deine Eltern, was diese zu bedeuten haben.

3. Anschließend nimmst du einen anderen farbigen Stift und umrahmst damit sämtliche Signalwörter. Das sind die Wörter, die du für besonders wichtig findest. Auf diese Weise erkennst du eine Gliederung im Text und es fällt dir leichter, die Fragen zu beantworten.

4. Worum geht es in dem gelesenen Text genau? Beantworte diese Frage mit nur einem einzigen Satz.

5. Zu guter Letzt kannst du dich dann endlich um die Aufgaben zum Text kümmern. Mit den vorangegangenen Schritten hast du bereits eine super Vorarbeit geleistet. Somit wird es dir nicht allzu schwerfallen, die Fragen richtig zu beantworten.

TEXTE IM BEREICH DEUTSCH
(3. KLASSE)

1. Susanne fährt ganz alleine mit dem Zug

Susanne fährt zum ersten Mal alleine mit dem Zug. Sie besucht ihre Großeltern für zwei Wochen in Berlin. Sonst war es immer so, dass Papa oder Mama sie nach Berlin gebracht hat oder Opa sie von zu Hause abgeholt hat. Aber heute müssen ihre Eltern arbeiten und Opa hat leider auch keine Zeit.

Papa bringt Susanne zum Zug und umarmt sie zum Abschied noch einmal feste: „Du brauchst dich nicht fürchten. Ich habe dem Schaffner Bescheid gesagt, dass du ganz alleine mit dem Zug fährst. Er passt gut auf dich auf und gibt dir auch Bescheid, wenn du aussteigen musst. Und in Berlin warten Oma und Opa auf dich am Bahnhof!" Trotzdem ist Susanne sehr nervös und winkt Papa noch lange hinterher, als der Zug aus dem Bahnhof fährt.

Susanne liest erst einmal ein bisschen in ihrem neuen Buch und isst das Butterbrot, das ihre Mama für sie gemacht hat. Aber dann wird ihr doch langweilig. Gott sei Dank kommt ein paar Minuten später der Schaffner an ihrem Abteil vorbei. „Hast du Lust, dir das Führerhaus anzuschauen? Da sitzt der Zugführer, der diesen Zug nach Berlin fährt!", sagt der Schaffner. „Das ist eine tolle Idee!", antwortet Susanne. Ganz genau darf sich Susanne dann das Führerhaus ansehen und stellt dem Zugführer eine Frage nach der anderen.

Als der Zug mit Susanne in Berlin ankommt, hat sie ihren Großeltern viel zu erzählen.

Fragen zum Text

1. Warum fährt Susanne nach Berlin?

Antwort:

2. Wer passt im Zug auf Susanne auf?

Antwort:

3. Der Schaffner hat eine tolle Idee, damit Susanne sich nicht langweilt. Welche ist das? Kreuze die richtige Antwort an!
- Der Schaffner überreicht Susanne ein Buch.
- Der Schaffner spielt mit Susanne ein Kartenspiel.
- Susanne darf mit dem Schaffner die Fahrkarten kontrollieren.
- Susanne darf sich das Führerhaus anschauen.

4. Warum hat Susanne ihren Großeltern so viel zu erzählen, als sie in Berlin ankommt?

Antwort:

2. Wo ist Paul?

Heute ist endlich der letzte Schultag vor den
großen Ferien. Trotzdem ist Thomas traurig,
als er nach Hause kommt. Irgendwie ist heute
alles anders. Sonst begrüßt ihn jeden Mittag,
wenn er von der Schule nach Hause kommt,
sein Hund Paul. Dieses Mal war nur sein Papa
zu Hause. Er erzählt ihm, dass Paul vor noch
gar nicht langer Zeit im Garten herumgetobt
hat und plötzlich war er weg. Als Papa nach
Paul gesucht hat, entdeckte er ein Loch im
Zaun.

Nach dem Essen ruft Thomas seine Freunde
Jens und Leonie an. Die drei machen sich auf
die Suche nach Paul. Zuerst gehen sie auf das
große Feld hinter dem Haus. Hier geht
Thomas jeden Tag mit Paul hin, um mit ihm zu
spielen. Hier treffen sie Thomas' Nachbarin,
aber auch sie hat Paul nicht gesehen.

Leonie macht den Vorschlag, am Baggersee weiterzusuchen. Hier sind sie schließlich
im Sommer oft mit Paul. Aber auch am See fehlt von Paul jede Spur. Thomas macht
sich inzwischen große Sorgen um seinen vierbeinigen Freund.

Auf dem Weg nach Hause treffen sie Mark. Als Thomas Mark erzählt, dass er seinen
Hund Paul sucht, fängt Mark an zu grinsen. „Ich gehe gerade zu meinem Opa. Ihm ist
vor ein paar Stunden ein Hund zugelaufen und ich wollte mir ihn gerade anschauen.
Das ist doch bestimmt dein Paul!", sagt Mark. „Kommt doch einfach mit zu meinem
Opa!"

Mark hatte recht. Paul hatte die letzten Stunden damit verbracht, mit dem Hund von
Marks Opa zu spielen. Thomas ist glücklich, endlich seinen Paul wiederzuhaben.

Fragen zum Text

1. **Wie konnte Paul aus dem Garten verschwinden?**

Antwort:

2. **Warum ist Thomas am letzten Schultag vor den großen Ferien so traurig?
   Kreuze die richtige Antwort an!**
- Thomas hat ein schlechtes Zeugnis bekommen.
- Thomas fährt dieses Jahr nicht in den Urlaub.
- Thomas' Hund Paul ist verschwunden.
- Thomas geht lieber in die Schule, anstatt Ferien zu haben.

3. **Warum fängt Mark an zu grinsen, als Thomas ihm erzählt, dass er seinen
   Hund Paul sucht?**

Antwort:

4. Thomas sucht mit seinen Freunden Leonie und Jens nach seinem Hund. Wo suchen sie überall? Kreuze alle richtigen Antworten an!

Antwort:

- Sie suchen im Tierheim nach Paul.
- Sie suchen am Baggersee nach Paul.
- Sie suchen auf dem Feld nach Paul.
- Sie suchen im Wald nach Paul.

3. Ein Tag auf der Kirmes

Lara und Leon freuen sich schon tagelang auf diesen Abend. Ihre Eltern wollen heute mit ihnen auf die große Kirmes in der Stadt gehen. Lara überlegt schon den ganzen Tag, was sie sich für leckere Sachen kaufen will. Einen Paradiesapfel oder doch lieber salziges Popcorn? Lara kann sich gar nicht entscheiden. Leon hingegen weiß, dass er sich auf der Kirmes eine große Tüte gebrannte Mandeln kaufen wird.

Als Lara und Leon mit ihren Eltern endlich auf der Kirmes angekommen sind, ist diese schon gut besucht. Überall riecht es köstlich nach Popcorn, Pommes, gebrannten Mandeln und anderen Leckereien. Schon von Weitem kann man das Riesenrad bestaunen. „Lasst uns doch zuerst einmal eine Runde mit dem Riesenrad fahren", sagt Mama. „Auf diese Weise können wir uns die ganze Kirmes von oben ansehen." Die Idee finden Lara und Leon sehr gut. So können sie auf einem Blick sehen, was es sonst noch für Karussells auf der Kirmes gibt.

Papa kauft also vier Karten für das Riesenrad an der Kasse und dann steigen sie gemeinsam in eine der Gondeln ein. Als sie am höchsten Punkt des Riesenrads angekommen sind, haben sie einen hervorragenden Blick über die gesamte Kirmes und können sogar einen Teil der Stadt von oben bestaunen. Lara sieht sofort die Achterbahn und ist völlig aus dem Häuschen. „Ich möchte als Nächstes mit der Achterbahn fahren. Kommst du mit?", fragt sie Leon. „Na klar! Das macht bestimmt richtig Spaß!"

Fragen zum Text

   1. Wo fahren Lara und Leon mit ihren Eltern hin?

Antwort:

   2. Mit welchem Karussell fahren sie als Erstes? Kreuze die richtige Antwort an!
   • Achterbahn
   • Riesenrad
   • Wasserrutsche
   • Geisterbahn

   3. Was will Leon unbedingt auf der Kirmes essen?

Antwort:

   4. Mit welchem Karussell will Lara unbedingt noch fahren?

Antwort:

4. Wandern am Wochenende

Mias Eltern möchten gerne das tolle
Wetter nutzen und mit Mia und
ihrer Schwester Laura am
kommenden Wochenende wandern
gehen. Mia gefällt dieses Vorhaben
gar nicht. Viel lieber würde sie am
Wochenende mit ihrer besten
Freundin Sandra Rollschuh fahren
und auf den Spielplatz gehen.

„Du kannst dich nächste Woche
meinetwegen jeden Tag mit Sandra
treffen, aber an diesem
Wochenende gehen wir alle
gemeinsam wandern!", sagte Mama.
Mia war richtig wütend, aber es
blieb ihr nichts anderes übrig, als
mitzufahren.

Als die Familie am Freitag in ihrer Ferienwohnung ankommt, wird Mias Stimmung
endlich ein wenig besser. Direkt neben der Ferienwohnung gibt es einen großen
Spielplatz, auf dem schon viele Kinder in Lauras und Mias Alter schaukeln, rutschen
und Fangen spielen. Während ihre Eltern das Gepäck aus dem Auto holen und es in
die Wohnung bringen, dürfen Mia und Laura auf den Spielplatz gehen. Hier lernen sie
schnell die anderen Kinder kennen.

Direkt am nächsten Morgen nach dem Frühstück geht es los zur ersten Wanderung.
Zuerst gehen Mia, Laura und ihre Eltern durch einen Wald. Hier sehen sie viele Rehe
und sogar ein paar Eichhörnchen. Zur Mittagszeit machen sie eine Pause an einem
kleinen Bach. Als Mias Mama die Butterbrote auspackt, kommt noch eine andere
Familie aus dem Wald spaziert. Mia und Laura kennen die Kinder schon vom
Spielplatz.

Nachdem sie alle zusammen ihre Butterbrote aufgegessen haben, spielen sie noch am Bach. Sie bauen einen Staudamm aus Ästen, Zweigen und Steinen.

Fragen zum Text

1. Warum wollen Mias und Lauras Eltern an diesem Wochenende unbedingt wandern gehen?

Antwort:

2. Warum wird Mias Stimmung plötzlich besser, als sie an der Ferienwohnung ankommen?

Antwort:

3. Warum will Mia nicht mit zum Wandern und lieber zu Hause bleiben? Kreuze die   richtige Antwort an!

- Mia will lieber mit ihrer Freundin Sandra spielen.

- Mia ist krank.

- Es regnet und soll auch in den nächsten Tagen kein schönes Wetter geben.

- Der Grund steht nicht in der Geschichte.

4. Was sehen Mia, Laura und ihre Eltern im Wald?

Antwort:

5. Der Frühling ist endlich da

Die Sonne lacht vom Himmel und Jessica und Lena spielen mit ihren Freunden auf der Straße. Die Goethestraße, in der Jessica und Lena mit ihren Eltern wohnen, ist eine Sackgasse. Hier fahren also nur wenige Autos.

Heute spielen Jessica und Lena das erste Mal mit den Nachbarskindern Tom und Luise auf der Straße Federball. Bislang war das Wetter immer zu schlecht, aber heute scheint endlich mal die Sonne und es ist sogar warm. So können Jessica und Lena ihr neues Federballspiel testen.

Nach einiger Zeit vergeht ihnen aber die Lust und so überlegen die vier, was sie als Nächstes machen könnten. Tom und Luise würden gerne Skateboard fahren. Dazu haben Jessica und Lena aber gar keine Lust. Lena würde lieber mit ihrer neuen Straßenkreide malen.

Da hat Jessica eine tolle Idee: „Wir können doch mit der Kreide kleine Wege und Straßen auf die Straße malen! Mit dem Skateboard kann man dann über diese fahren!" Die anderen sind begeistert von dieser Idee. Lena holt ihre Straßenkreide von zu Hause und so beginnen sie und Jessica, Straßen und Wege auf die Straße zu malen. Tom und Luise holen ihre Skateboards und Helme und fahren über die gemalten Straßen und Wege. Lena zieht anschließend ihre Inlineskates an und fährt ebenfalls über die gemalten Straßen, während Jessica noch ein paar Ampeln und Zebrastreifen dazu malt. Dann spielt sie einen Fußgänger.

Wie schön, dass der Frühling endlich da ist!

Fragen zum Text

1. Warum können Jessica und Lena endlich wieder auf der Straße spielen?

Antwort:

2. Welches Spiel spielen sie in diesem Jahr das erste Mal wieder? Kreuze die richtige Antwort an!

- Sie spielen Fangen.

- Sie spielen Federball.

- Sie fahren mit dem Skateboard.

- Sie fahren Inlineskates.

3. Was machen Jessica, Lena, Tom und Luise nach dem Federball spielen?

Antwort:

4. Was für eine tolle Idee hat Jessica? Kreuze die richtige Antwort an!

- Sie möchte auf den Spielplatz gehen.

- Sie möchte ihre neue Straßenkreide ausprobieren.

- Sie möchte Fahrrad fahren.

- Sie möchte im Garten weiterspielen.

6. Das Geisterhaus

An der Dorfstraße steht ganz am Ende ein einsames
Haus. Die Einwohner erzählen sich, dass hier ein
Geist wohnt. Sven, Luna, Anna und Jannis sind
neugierig. Am Freitag nach der Schule wollen sie alle
zusammen dorthin gehen.

Als die Glocke der Schule endlich läutet, machen sich
die vier Freunde auf den Weg zum Geisterhaus. Die
Mutigste unter ihnen ist Anna. Als sie am Haus
ankommen, öffnet Anna auch gleich die Haustür.
Drinnen im Haus ist es stockdunkel, denn alle
Vorhänge vor den Fenstern sind zugezogen. Jannis
macht als Erstes mit zittrigen Fingern seine
Taschenlampe an. Jetzt erkennen die vier die Umrisse
in dem gruseligen Haus. Sie sehen ein kleines Bad, eine
Küche und ein Wohnzimmer. Alles befindet sich in
einem Raum.

In dem größten Zimmer entdecken sie ein Bett direkt an der Wand. In der Mitte des
Raums stehen vier Stühle an einem eckigen Tisch. Auf dem Tisch steht eine gefüllte
Tasse. Der Geist ist also zu Hause. Plötzlich rumpelt es laut in der Küche und eine
Gestalt betritt den Raum. Welch ein Schreck! Anna, Sven, Luna und Jannis wollen
gerade wegrennen, als sie den obdachlosen Piet erkennen. Piet hat es sich in dem
leer stehenden Haus gemütlich gemacht.

Die vier Freunde atmen erleichtert auf. Der Geist, der in diesem Haus wohnen soll,
ist also kein anderer als Piet. Das Geisterhaus ist gar kein Geisterhaus.

Fragen zum Text

1. Was sagen die Menschen im Dorf über das einsame Haus am Ende der
   Dorfstraße?

Antwort:

2. Beschreibe das Geisterhaus.

Antwort:

3. Wer wohnt in dem Haus?

Antwort:

4. Wer ist am mutigsten von den vier Freunden? Kreuze die richtige
Antwort   an!

- Jannis

- Sven

- Anna

- Luna

7. Marienkäfer Felix wünscht sich Schuhe

Zwei kleine Marienkäfer, Felix und Finn, waren
schon lange allerbeste Freunde. Felix hatte bei
den Menschenkindern gesehen, dass sie immer
schöne Schuhe trugen. Er wünschte sich vom
ganzen Herzen, auch einmal so schöne Schuhe
tragen zu dürfen. Aber wo sollten Felix und Finn
passende Schuhe für Marienkäfer
herbekommen? Schließlich brauchen
Marienkäfer ja eigentlich keine Schuhe.

Außerdem besaßen Marienkäfer als Insekten
gleich sechs Füße und nicht nur zwei. Da hatte
Finn die tolle Idee, zu ihrer Freundin Ilse, der
Spinne, zu gehen. Finn hatte mal gehört, dass die
Spinne vier Paar Schuhe besitzt, weil Ilse als
Spinne sogar acht Beinchen hat.

Ilses Überraschung war groß, als Felix und Finn sie besuchten. Felix' Wunsch konnte
sie aber durchaus verstehen. Schließlich brauchte auch sie eigentlich keine Schuhe.
Aber da Schuhe doch etwas sehr Schönes waren, hatte sie sich vor einiger Zeit gleich
vier Paar extra anfertigen lassen.

Voller Stolz holte Ilse also ihre schönen Schuhe aus dem Netz, die hier alle ordentlich
hingen. Drei Paar durfte Felix nacheinander anziehen und anprobieren. Als er mit den
Schuhen an seinen Füßen aber dann wie immer über ein Blatt krabbeln wollte,
rutschte er plötzlich ab und wäre bald heruntergefallen. Da beschloss Felix, dass
Schuhe wohl doch nichts für ihn waren. So sahen die Schuhe zwar toll aus, aber für
Marienkäfer waren diese einfach nicht geeignet.

Fragen zum Text

   1. Was für Tiere sind Felix und Finn?

Antwort:

   2. Wie viele Beine hat eine Spinne? Kreuze die richtige Antwort an!

- Sechs

- Vier

- Acht

- Zehn

   3. Wo hat Felix Schuhe gesehen?

Antwort:

   4. Warum möchte Felix dann doch keine Schuhe mehr haben?

Antwort:

8. Unwetter in den Bergen

Mika und Mara waren neulich in den Bergen wandern. Dort erwischte sie ein heftiges Gewitter. Sie waren gerade einmal eine Stunde unterwegs, als dunkle Wolken aufzogen. Angst hatten aber beide nicht, denn der Wetterbericht hatte gutes und sonniges Wetter für diesen Tag vorhergesagt. In den Bergen kann das Wetter bekanntlich schnell mal umschlagen. So kamen schnell immer mehr schwarze Wolken auf Mika und Mara zu. In rasender Geschwindigkeit verdunkelte sich der Himmel. Das sah gar nicht gut aus! Dazu kam dann noch ein kräftiger Wind aus dem Norden, der ihnen die Mützen von den Köpfen pustete. Es dauerte nicht lange, bis die ersten Regentropfen vom Himmel fielen.

Mika und Mara holten schnell ihre Regenjacken aus den Rucksäcken. Weit und breit gab es nichts, wo sie sich unterstellen konnten. Bald darauf sahen die beiden die ersten Blitze am Himmel und kurz darauf donnerte es gewaltig. Mika und Mara wurden allmählich ein wenig nervös. Mit gesenkten Köpfen stapften sie trotzdem mutig weiter und fanden bald darauf einen Felsvorsprung, wo sie sich unterstellen konnten. Jetzt befand sich das Unwetter direkt über ihnen. Das Licht der Blitze erhellte die Berglandschaft. So schnell wie das Gewitter aufgezogen war, so schnell verschwand es dann aber auch wieder. In den nächsten Minuten verzogen sich die dunklen Wolken wieder, die Sonne lachte erneut vom Himmel und der Regen hörte auf.

Weil es jetzt aber überall sehr nass und glitschig war, gingen Mika und Mara etwas vorsichtiger als zuvor ins Tal zurück. Was für ein unvergessliches Abenteuer!

Fragen zum Text

   1. Welches Wetter herrschte in den Bergen, als Mika und Mara wandern waren?

Antwort:

   2. Wo konnten sich die beiden unterstellen? Kreuze die richtige Antwort an!

- Höhle

- Unter einem Baum

- Berghütte

- Felsvorsprung

3. Ist so ein Wetter in den Bergen normal?

Antwort:

4. Was machten Mika und Mara nach dem Unwetter?

Antwort:

9. Ein Unfall mit dem Fahrrad

Samstagvormittags herrscht nicht nur in den Geschäften dichtes Gedränge. Auch auf den Straßen ist zu dieser Zeit jede Menge los. Gegen elf Uhr blieb Jan mit seinem Fahrrad an einer belebten Hauptstraße an der Ampel stehen. Diese war gerade rot geworden. Als diese dann endlich wieder auf Grün umsprang, setzten sich alle Menschen, die mit Jan an der Ampel standen, in Bewegung, um die Straße zu überqueren.

Da passierte es! Ein anderer Radfahrer, der auf der Hauptstraße fuhr, übersah die rote Ampel und fuhr in die Menschenmenge hinein. Die Leute sprangen zur Seite.

Eine ältere Frau, die mit einer Gehhilfe unterwegs war, wurde jedoch von dem Fahrradfahrer erwischt. Beide fielen zu Boden. Ein Polizeiauto, welches gerade vorbeikam, hielt sofort an. Einige Passanten liefen einfach an der alten Frau und dem Radfahrer vorbei. Andere wiederum halfen den beiden, wieder auf die Beine zu kommen.

Der Fahrradfahrer hatte lediglich ein paar Schrammen an den Knien abgekommen. Für die ältere Frau riefen die Polizisten einen Krankenwagen, damit diese behandelt werden konnte. Erst danach nahmen die Polizisten den Unfall auf. Da Jan den Unfall genau gesehen hatte, meldete er sich als Zeuge und machte eine Aussage.

Fragen zum Text

1. Was ist am Samstagvormittag passiert?

Antwort:

2. Wie verhalten sich die anderen Menschen am Unfallort?

Antwort:

3. Was tun die Polizisten als Erstes nach dem Unfall? Kreuze die richtige Antwort an!

- Zeugen befragen.

- Feuerwehr rufen.

- Krankenwagen rufen.

- Den Radfahrer befragen.

4. Warum ist Jan bei diesem Unfall ein Zeuge?

Antwort:

10. Eine völlig verrückte Sportstunde

Heute lacht die Sonne vom Himmel. Es ist sehr warm, sodass die Sportstunde draußen auf dem Sportplatz stattfindet. Die Kinder der Klasse 3b finden das toll. Im Freien macht das Sporttreiben doch viel mehr Spaß als drinnen in der stickigen Turnhalle. So laufen alle Kinder in der vierten Stunde gemeinsam mit ihrem Sportlehrer zum Sportplatz. Hier machen sie gleich mehrere Sportarten, denn bei zwei Schulstunden Sport haben sie jede Menge Zeit dafür. So üben die Kinder Weitsprung, Hochsprung, Weitwurf und rennen um die Wette.

Alle Kinder haben Spaß und lachen. Doch was sieht Ben da mitten auf dem Rasen des Sportplatzes? Ein großer Hund hat sich anscheinend auf den Sportplatz verirrt, er steht jetzt mitten auf der Wiese und schaut den Kindern ganz interessiert bei den Übungen zu. Ben ruft seinem Lehrer zu, dass auf dem Rasen ein Hund steht. Jetzt werden auch die anderen Kinder auf den Vierbeiner aufmerksam. Stella stellt fest, dass dies der Hund ihres Nachbarn ist, der ganz in der Nähe des Sportplatzes wohnt. Sie will dem Nachbarn gleich Bescheid geben, wenn sie Schulschluss haben.

Die Kinder üben weiter Weitwurf mit den Bällen. Plötzlich setzt sich der Hund von Stellas Nachbarn in Bewegung und rennt hinter den fliegenden Bällen her. Brav bringt er einen Ball nach dem anderen zu den Kindern zurück und scheint seine Freude an dem Spiel zu haben. Immer wieder läuft der Hund los und bringt die Bälle zurück, bis der Sportunterricht zu Ende ist.

Fragen zum Text

1. Wo haben die Kinder der Klasse 3b heute Sportunterricht?

Antwort:

2. Was machen die Kinder in dieser Sportstunde?

Antwort:

3. Wer steht plötzlich auf dem Rasen des Sportplatzes?

Antwort:

4. Was macht der Hund? Kreuze die richtige Antwort an!

- Er spielt mit den Kindern Fangen.
- Er hat Angst und läuft weg.
- Er macht einen Haufen auf den Rasen.
- Er rennt hinter den Bällen her und bringt sie den Kindern zurück.

TEXTE IM BEREICH DEUTSCH (4. KLASSE)

1. Die Feldmaus

Unter einem dicken, sehr alten Haselnussbaum lebt eine kleine Feldmaus. Im Grunde hatte sie alles, was sie für ein glückliches Leben brauchte: ein gemütliches Zuhause, genug Nahrung und genügend frisches Wasser. Im Frühjahr freute sie sich, wenn endlich die ersten bunten Blumen aus der Erde sprossen. Im Sommer hingegen fraß sie sich am Klee und an den leckeren süßen Trauben satt und im Herbst war sie stundenlang damit beschäftigt, genügend Nüsse für den kommenden Winter zu sammeln und zu horten.

Eines Tages stand plötzlich eine kleine Wühlmaus vor ihr und bat sie um eine Unterkunft für den Winter. Die Wühlmaus hatte sich verirrt und wusste nicht, wie sie zurück nach Hause kommen sollte. Die kleine Feldmaus gab ihr gerne einen Schlafplatz für den Winter, denn gerade in dieser Jahreszeit war sie nicht gerne alleine. Die beiden wurden gute Freunde und erlebten zusammen einen richtig schönen Winter.

Als es dann wieder langsam wärmer wurde und die Tage länger wurden, beschlossen sie, auch weiterhin zusammenzuwohnen. Im alten Nussbaum war schließlich genügend Platz für zwei Mäuse. Außerdem war es doch viel schöner, sich die leckeren Nüsse und die Wohnung zu teilen, anstatt das alles alleine zu genießen.

Fragen zum Text

1. Wer lebt unter einem dicken, sehr alten Haselnussbaum?

Antwort:

2. Was macht die Feldmaus im Herbst? Kreuze die richtige Antwort an!

- Sie isst Nüsse.

- Sie schläft.

- Sie freut sich über die ersten bunten Blumen.

- Sie sammelt Nüsse für den Winter.

3. Wer fragt nach einer Unterkunft bei der kleinen Feldmaus?

Antwort:

4. Warum bleibt die kleine Wühlmaus am Ende bei der Feldmaus?

Antwort:

2. Eine grandiose Idee

Es sind gerade Osterferien und auch die Eltern von Sophie und Tom haben Urlaub. Da es in den nächsten Tagen tolles Wetter geben soll, überlegen die vier zusammen, was sie in den nächsten Tagen Schönes machen könnten.

Tom würde nur zu gerne die Großeltern besuchen fahren. Sophie hingegen hätte große Lust, eine ausgiebige Fahrradtour zu unternehmen, denn sie hat vor wenigen Tagen ein neues Fahrrad zum Geburtstag bekommen. Da kommt Mama auf eine grandiose Idee: „Was haltet ihr davon, wenn wir mit den Rädern die Großeltern besuchen fahren?"

Tom findet die Idee klasse. Sophie dagegen kraust die Stirn und ist skeptisch: „Das ist doch viel zu weit bis zu Oma und Opa! Das schaffen wir mit dem Fahrrad niemals an einem Tag!" „Wer sagt denn, dass wir innerhalb eines Tages bei Oma und Opa ankommen müssen? Wir können ja unser Zelt mitnehmen und unterwegs zelten oder aber in einer Ferienwohnung übernachten", meint Mama. „Um im Zelt zu schlafen, ist es bestimmt noch ein bisschen zu kalt, aber die Idee mit der Übernachtung in einer Ferienwohnung finde ich klasse", meint daraufhin Papa.

Somit ist es beschlossene Sache. Schon am nächsten Tag soll es mit den Fahrrädern auf Tour gehen. Vorher gilt es aber, noch einiges zu organisieren. Während Mama mit Sophie und Tom vier kleine Taschen mit Anziehsachen, Waschutensilien und anderen Dingen packt, schaut Papa nach, ob die Fahrräder voll funktionstüchtig sind. So pumpt er alle Reifen noch einmal auf und guckt nach, ob die Bremsen sowie das Licht vorne und hinten funktionieren.

Nachdem sie zu Abend gegessen haben, ruft Sophie bei ihren Großeltern an und erzählt ihnen, dass sie mit dem Fahrrad zu ihnen fahren wollen. Oma und Opa freuen sich riesig über den Besuch. Während Sophie noch ein bisschen mit Oma telefoniert, sind Papa und Tom losgefahren, um sich eine Fahrradkarte zu kaufen. Auf dieser kann man die Radwege sehen, denn sie können ja schlecht mit den Rädern auf der Autobahn fahren.

Alle schauen sich die Karte genau an und am Ende legen sie eine Route fest, die sie am nächsten Tag fahren wollen. Sie planen, morgen 25 Kilometer mit dem Rad zurückzulegen und dann in einer Ferienwohnung oder Pension zu übernachten. Bevor es mit dem großen Abenteuer losgehen kann, geht es aber erst einmal früh ins Bett, damit morgen alle ausgeschlafen in die Pedale treten können.

Fragen zum Text

1. Warum möchten Sophie, Tom und ihre Eltern unbedingt etwas Schönes unternehmen?

Antwort:

2. Welche Ideen haben die vier?

Antwort:

3. Bevor es mit der großen Fahrradtour losgehen kann, müssen die vier noch einiges erledigen. Was ist das? Kreuze die richtigen Antworten an!

- Die Strecke für den nächsten Tag planen.
- Sophie muss ihren Großeltern schreiben.
- Die Fahrräder müssen überprüft werden.
- Tom und sein Vater müssen eine Fahrradkarte kaufen.
- Sophie und ihre Mutter müssen die Taschen packen.

4. Wofür brauchen die vier unbedingt eine Fahrradkarte?

Antwort:

3. Regentage sind nicht immer doof

Mit ihren Eltern zusammen verbringen Luna und Sara ihre Sommerferien in Italien auf einem Campingplatz. Unter großen Bäumen haben sie ein großes und ein kleines Zelt aufgebaut. In dem kleinen Zelt schlafen Luna und Sara. Das große Zelt hingegen dient nicht nur als Elternschlafzimmer, sondern auch als eine Art Aufenthaltsraum. Hier gibt es nämlich einen gemütlichen Vorraum, in dem man auch bei Regen im Trockenen sitzen kann.

In den letzten vier Tagen war das Wetter richtig schön und so konnten alle schon morgens an den Strand gehen und den Tag am Meer verbringen. Aber heute ist das Wetter richtig schlecht! Als Luna am Morgen wach wird, hört sie sofort, wie der Regen auf das Zeltdach plätschert. „Schade!", denkt sie. „Heute können wir wohl nicht an den Strand gehen und im Meer schwimmen." Sara findet das schlechte Wetter gar nicht schlimm. „Dann machen wir uns halt einen gemütlichen Tag im Vorzelt und ich kann anfangen, mein neues Buch zu lesen."

Luna findet Lesen total langweilig. Sie zieht sich ihren Regenmantel an und geht nach draußen. Dort läuft sie ihrem Vater über den Weg, der gerade dabei ist, eine Plane zwischen die beiden Zelte zu spannen. So können sie jetzt von einem Zelt ins andere gehen, ohne nass zu werden. Anschließend graben sie noch zusammen einen kleinen Graben unter die Zeltplane, denn auf diese Weise kann das Wasser auch gleich wegfließen. So bilden sich unter der gespannten Plane keine Pfützen und die Zelte stehen weiterhin im Trockenen.

Nach einem gemeinsamen Frühstück liest Sara in ihrem neuen Buch und Luna spielt mit ihren Eltern Karten. Nachmittags regnet es zwar immer noch etwas, aber nicht mehr so stark wie am Morgen. Luna und Sara gehen zusammen auf den Spielplatz, um dort mit den anderen Kindern zu spielen. Am Abend stellt Luna fest, dass ein Regentag gar nicht so schlimm ist.

Fragen zum Text

1. Wie verbringen Luna, Sara und ihre Eltern ihre Sommerferien?

Antwort:

2. Was haben die vier in den letzten Tagen bei dem schönen Wetter gemacht?

Antwort:

3. Was macht Luna am Morgen? Kreuze die richtigen Antworten an!

- Luna gräbt mit ihrem Vater einen kleinen Graben.
- Luna holt Brötchen vom Bäcker für das gemeinsame Frühstück.
- Luna spannt mit ihrem Vater eine Plane zwischen die beiden Zelte.
- Luna zieht sich ihren Regenmantel an.
- Luna geht ans Meer.

4. Was machen die vier an einem solchen Regentag auf dem Campingplatz?

Antwort:

4. Ein Tag im Kletterwald

Es sind Osterferien und Jonas sitzt mit seinen Eltern am Frühstückstisch. Auch Mama und Papa haben heute frei und so überlegen die drei, was sie Tolles unternehmen können. Mama würde sehr gerne ins Kino gehen, dazu haben Papa und Jonas aber gar keine Lust. Jonas schlägt vor, in den Zoo zu fahren. Das geht aber leider nicht, denn Papas Auto ist noch in der Werkstatt und mit dem Fahrrad ist es zu weit bis zum Zoo.

Während die Eltern sich noch eine Tasse Kaffee eingießen, wirft Jonas einen Blick in die Zeitung, die auf dem Küchentisch liegt. Dabei fällt ihm eine bunte Anzeige auf: „Neueröffnung des Kletterwaldes".

„Ich weiß, was wir heute machen!" Jonas ist ganz aus dem Häuschen. „Wir gehen in den Kletterwald!" „Das ist eine hervorragende Idee! Den wollten wir doch schon vor Monaten einmal besuchen!", freut sich Papa. Auch Mama findet ihr Vorhaben gut. Gleich nach dem Frühstück fahren die drei mit den Fahrrädern zum Kletterwald. Dieser liegt gleich im Stadtpark und ist mit dem Fahrrad schnell zu erreichen.

Nachdem die Eltern an der Kasse bezahlt haben, setzen sie ihre Helme auf und legen die Sicherheitsleinen an. Dann erklärt ihnen ein Mitarbeiter erst einmal, wie sie die Seile an den einzelnen Kletterstationen richtig einhängen müssen. Hier hören alle genau zu, denn die Sicherung ist natürlich wichtig. Nur wenn sich alle ordnungsgemäß sichern, können sie nicht herunterfallen.

Dann geht es auch schon los. Jonas klettert zuerst die Strickleiter hinauf und erklimmt die Plattform der ersten Station. Anschließend folgen Reifen, über die sie alle balancieren müssen, wackelige Brücken aus Holz, Netze, die es schwermachen weiterzukommen, und noch einiges mehr. Am Ende des Kletterwaldes erwartet Jonas und seine Eltern eine Seilbahn, die sie wieder zurück auf den Boden befördert.

„Es war eine grandiose Idee, in den Kletterwald zu fahren, aber auch enorm anstrengend!", da sind Mama, Papa und Jonas sich einig.

Fragen zum Text

1. Warum haben Jonas und seine Eltern heute Zeit, etwas gemeinsam zu unternehmen?

Antwort:

2. Wie kommt Jonas auf die Idee, in den Kletterwald zu fahren? Kreuze die richtige Antwort an!

- Ein Freund hat Jonas vom Kletterwald erzählt.

- Er liest eine Anzeige in der Zeitung.

- Er hat in der Stadt ein Plakat gesehen.

3. Wie kommen Jonas und seine Eltern zum Kletterwald?

Antwort:

4. Warum bekommen die drei von einem Mitarbeiter Sicherungsseile?

Antwort:

5. Ein Löwe in der Nachbarschaft

In der letzten Woche war in einem kleinen Dorf in der Nähe vom Münsterland richtig was los. In einem Gebüsch hatten Anwohner am Freitagmorgen einen Löwen entdeckt. Gleich mehrere Notrufe gingen an diesem Tag bei der Feuerwehr und der Polizei ein. An einem ganz normalen Tag hätten die Beamten wahrscheinlich gedacht, es handele sich um einen Streich. In dieser Woche war allerdings der Zirkus in der Stadt. Somit könnte es sich tatsächlich um einen Löwen handeln, der da im Gebüsch saß. Also evakuierten die Beamten alle Einwohner, die in einem Umkreis von 400 Metern vom besagten Ort lebten.

Die Gegend wurde aus Sicherheitsgründen komplett abgesperrt. Außerdem riefen die Beamten professionelle Tierfänger an, damit diese sie unterstützten.

Sowohl die Polizei als auch die Feuerwehr sowie die Menschen, die in dem Dorf lebten, hatten es bislang noch nie mit einem echten Löwen zu tun gehabt. Alle waren daher sehr nervös und angespannt. Anscheinend fühlte sich der Löwe sehr wohl in seinem Versteck, denn in den letzten Stunden hatte sich das Tier nicht vom Fleck bewegt.

Mit einem großen Aufgebot von rund hundert Menschen näherte man sich also vorsichtig dem Gebüsch. Auf diese Weise wollten die Beamten verhindern, dass der Löwe weglaufen konnte. Schließlich bestand die Gefahr, dass das Tier jemanden verletzen könnte. Ganz langsam, Schritt für Schritt, näherten sie sich dem Löwen. Das Tier blieb dennoch ruhig und lag weiterhin entspannt in seinem Gebüsch.

Je näher die Beamten dem Löwen kamen, desto mehr wunderten sie sich, dass dieser keinen Laut von sich gab und sich auch nicht bewegte. Als sie nah genug waren, stellten sie schnell fest, warum das so war. Im Gebüsch lag ein riesiger Plüschlöwe.

Fragen zum Text

1. Worum geht es in dieser Geschichte? Fasse den Inhalt mit nur einem Satz zusammen!

Antwort:

2. Warum glaubten die Beamten, dass es sich um einen echten Löwen handelte, der da im Gebüsch saß?

Antwort:

3. Denke dir eine neue Überschrift für diese Geschichte aus!

Antwort:

4. In den folgenden Sätzen haben sich inhaltliche Fehler eingeschlichen. Berichtige diese!

A. Der Löwe lag unter einer Treppe.

Richtige Antwort:

B. Die Beamten versuchten, den Löwen alleine einzufangen.

Richtige Antwort:

6. Gibt es Ninjas wirklich?

Bestimmt hast du schon einmal Ninjas in Comics, Filmen oder in einem Spielzeugladen gesehen. So sind Ninjas häufig komplett schwarz angezogen, maskiert und tragen Wurfsterne, Schwerter sowie Dolche mit sich. In einigen Geschichten werden Ninjas auch als Schattenjäger bezeichnet. Bestimmt hast du schon einmal Ninjas in Comics, Filmen oder in einem Spielzeugladen gesehen. So sind Ninjas häufig komplett schwarz angezogen, maskiert und tragen Wurfsterne, Schwerter sowie Dolche mit sich. In einigen Geschichten werden Ninjas auch als Schattenjäger bezeichnet.

So handelt es sich bei Ninjas um ausgebildete Kämpfer. Im alten Japan wurden sie in der Vergangenheit als Spione eingesetzt. In Geschichten hingegen werden Ninjas häufig als unverwundbare Krieger mit sagenhaften Fähigkeiten beschrieben. Übersetzt bedeutet das Wort „Ninja" nichts anderes als „sich verstecken". So besteht die Kunst eines Ninjas darin, sich zu verstecken, sodass das Gegenüber nicht merkt, dass dieser da ist, um eine bestimmte Aufgabe zu erfüllen.

Schon im Kindesalter beginnt die Ausbildung zum Ninja. Natürlich geschieht auch dies im Geheimen. Häufig wurden die damaligen Ausbildungsstätten als Kinderheime getarnt. Angeblich gab es sogar Ninjas, die fähig waren, über Wasser zu laufen oder sich unsichtbar machen konnten. Hinter all diesen besonderen Fähigkeiten und Eigenschaften standen meist aber erlernte Tricks. So gab es zum Beispiel einen Trick, der es den Ninjas erlaubte, sich unsichtbar zu machen. So warfen sie eine Walnuss, aus der Rauchpulver aufstieg. Die schlechte Sicht wurde dann dazu genutzt zu verschwinden. Hatte sich der Rauch verzogen, war auch der Ninja spurlos verschwunden.

Ob es auch heute noch Ninjas gibt, ist schwer nachvollziehbar, denn schließlich handelt es sich bei Ninjas um Geheimagenten. Durchaus ist es aber immer noch möglich, die Kampfkunst der Ninjas zu erlernen. Das ist inzwischen nicht nur allein in Japan möglich, denn überall auf der Welt befinden sich solche Schulen heute. Sogar in Deutschland ist es möglich, eine solche Schule zu besuchen.

Fragen zum Text

1. Worum geht es in diesem Text? Fasse den Inhalt in nur einem Satz zusammen!

Antwort:

2. Fertige einen kurzen Steckbrief für einen Ninja an. Denke dir einen Namen für deinen Ninja aus.

Name:

Eigenschaften:

Besondere Fähigkeiten:

3. Wie wurden die Ausbildungsstätten der Ninjas früher getarnt?

Antwort:

4. Wie kann sich ein Ninja zum Beispiel unsichtbar machen? Beschreibe den Trick aus dem Text!

Antwort:

7. Es gibt Pizza für alle

Heute kommen Carstens Freunde ihn besuchen. Sie wollen alle gemeinsam mit Carstens Mutter Pizza backen. Schon morgens in der Schule sind alle ganz zappelig und aufgeregt, denn alle mögen Pizza für ihr Leben gerne, haben aber noch nie eine selbst gemacht. Erst der leckere Teig – etwas dicker oder hauchdünn. Und obendrauf all die Dinge, die man am liebsten mag. Als Carsten und seine Freunde bei Carsten zu Hause ankommen, geht es auch sofort los, denn alle haben einen Bärenhunger.

Zuerst nehmen sie eine große Schüssel zur Hand und mischen darin einen Würfel Frischhefe mit 140 Milliliter lauwarmem Wasser, einer Prise Zucker und einem Esslöffel Olivenöl. Anschließend geben sie fünf Gramm Salz und 250 Gramm Weizenmehl dazu. Jetzt darf Carsten das Ganze zu einem geschmeidigen Teig verkneten. Mama gibt ihm noch den Tipp, etwas Weizenmehl auf die Arbeitsplatte zu streuen, damit der Teig nicht daran kleben bleibt. Danach legt Carsten den Teig zurück in die Schüssel. Mama deckt die Schüssel mit einem Geschirrtuch zu und stellt diese erst einmal an die Seite. Eine halbe Stunde müssen sie jetzt warten, denn der Teig muss aufgehen.

In der Zwischenzeit bereiten sie zusammen die Tomatensauce vor und schneiden schon einmal das Gemüse klein. Carstens Freund Lars macht die Tomatensauce: Er mischt dafür 250 Gramm passierte Tomaten mit einem Teelöffel Salz, Pfeffer und getrocknetem Oregano. Stefan und Markus schneiden die Paprikaschoten, Pilze, Zwiebeln und Zucchini klein und reiben dann noch den Käse. Die halbe Stunde ist schnell vorbeigegangen. Carstens Mutter teilt den Teig in vier gleich große Stücke und formt daraus kleine Kugeln. Jede Teigkugel muss dann erneut 20 Minuten ruhen. Anschließend verteilen sie die vier Kugeln auf Backbleche, wo sie vorab Backpapier daraufgelegt haben. Dann rollen sie die Kugeln aus, verteilen die Tomatensauce auf dem Pizzateig und belegen diese mit dem klein geschnittenen Gemüse und zusätzlich mit Thunfisch und Salami. Zum Schluss kommt noch jede Menge geriebener Käse auf die Pizza.

Jetzt müssen die Pizzen nur noch bei 200 Grad Celsius für eine Viertelstunde in den Backofen. Die selbst gemachte Pizza schmeckt allen ausgezeichnet und weitaus besser als die Pizza aus der Pizzeria. Während Carsten und seine Freunde essen, machen sie schon Pläne für die nächste Backstunde. Dann wollen sie verrückte Beläge ausprobieren.

Fragen zum Text

   1. Worum geht es in dem Text? Fasse den Inhalt in nur einem Satz zusammen!

Antwort:

   2. Welche Zutaten braucht man für den Pizzateig?

Antwort:

   3. Was kam in die Tomatensauce?

Antwort:

   4. Arbeitsschritte für den Pizzateig. Schreibe diese auf!

Antwort:

8. In Indien heiratet man anders

Weltweit gibt es verschiedene Traditionen. Auch für Hochzeiten gilt das. Überall auf der Welt heiratet man anders. In Deutschland ist es zum Beispiel so, dass die Bräute häufig etwas Blaues, etwas Geliehenes, etwas Altes und etwas Neues bei sich tragen. In Schweden hingegen tragen die Bräute in ihrer Hochzeitskleidung kleine eingenähte Kräutersäckchen bei sich.

In Indien dauert eine Hochzeit dagegen meist mehrere Tage. Alles ist genau durchgeplant. Zwischen 600 und 1.000 Gäste sind hier meist bei einer indischen Hochzeit eingeladen. Bereits ein paar Tage vor der eigentlichen Feier beginnen die Bräuche und festgelegten Abläufe. So werden beispielsweise die Hände, Arme, Füße und Beine der Braut kunstvoll mit Henna bemalt. Henna ist eine Naturfarbe, die ungefähr zwei Wochen auf der Haut verbleibt, bevor sie von alleine verblasst. Es dauert Stunden, die Muster auf die Haut zu malen. Danach braucht das Ganze auch noch einige Zeit, bis die Farbe trocknet. Für die Braut ist dies eine anstrengende Prozedur, denn sie muss viele Stunden ruhig sitzen.

Am Hochzeitstag reitet der Bräutigam dann auf einem geschmückten Pferd oder gar einem Elefanten zur Trauung. Meist wird er dabei von all seinen Familienmitgliedern begleitet, die tanzend durch die Straßen ziehen. Es sieht ein bisschen aus wie eine Parade.

Auch während der Hochzeit gibt es dann zahlreiche Traditionen und Rituale. Alle haben meist einen religiösen Hintergrund. Die Trauung, die auch mehrere Stunden dauert, endet damit, dass das indische Brautpaar mit Blütenblättern und Reiskörnern beworfen wird.

In Indien wird auf den Hochzeiten immer sehr viel getanzt. Eröffnet wird der Tanz auch hier meist von dem Brautpaar. In einigen Teilen Indiens gibt es sogar einen Tanzwettbewerb, der von den Freunden und den Familien des Brautpaares bestritten wird. Oftmals handelt es sich hierbei um zuvor einstudierte Tanzshows, die in Gruppen vorgeführt werden.

Fragen zum Text

1. Worum geht es in diesem Text? Fasse den Inhalt in nur einem Satz zusammen!

Antwort:

2. Hier stimmt etwas nicht an den Aussagen. Kreuze die falschen Aussagen an!

- Hochzeitstraditionen gibt es nur in Indien.

- An die hundert Gäste werden meist zu einer indischen Hochzeit eingeladen.

- Die Braut wird in Indien kurz vor der Trauung mit Henna bemalt.

- Der Bräutigam reitet allein zur Trauung.

3. Warum muss die Braut vor der Hochzeit stundenlang still sitzen?

Antwort:

4. Wie lange dauert eine indische Hochzeit?

Antwort:

9. Der dumme Bankräuber

Vor Kurzem hatte es ein Bankräuber der Polizei sehr leicht gemacht, ihn zu verhaften. An einem Montagmorgen entschied dieser sich, einen lang gehegten Plan endlich in die Tat umzusetzen. Er wollte eine Bank überfallen.

Im Vorfeld hatte er sich überlegt, dass er kein großes Aufsehen erregen wollte. Schließlich war es nicht seine Absicht, irgendjemanden zu verletzen.

Er wollte nur das Geld erbeuten und sich dann aus dem Staub machen. Aus diesem Grund schrieb er auf einen Zettel: „Das ist ein Banküberfall! Geld oder Leben! Keine Polizei!" Dieser besagte Zettel lag schon bereit auf seinem Esstisch. Er steckte ihn also in seine Jackentasche, nahm sich seine Schreckschusspistole aus dem Schrank und machte sich auf den Weg. Im Auto zog er sich seine Kapuze von seiner Jacke tief ins Gesicht und den Kragen seines Rollkragenpullovers über Mund und Nase. So erkannte ihn bestimmt niemand.

Dann stieg er aus seinem Auto und ging zielstrebig in die Bank an einen der freien Schalter. Er legte den Zettel aus seiner Jackentasche auf die Ablage und zeigte dem Angestellten unauffällig seine Pistole. Der Mitarbeiter der Bank verstand sofort, was hier los war, und legte das gesamte Geld aus dem Tresor bereitwillig auf die Ablage. Keine fünf Minuten später war der Räuber schon wieder aus der Bank verschwunden und mit ihm das Geld.

Zum Glück ließ er den handgeschriebenen Zettel in der Bank zurück. Glück für die Polizei, Pech aber für den Bankräuber, denn was dieser vorher nicht gemerkt hatte, war, dass er einen alten Briefumschlag verwendet hatte. Als die Polizei diesen genau unter die Lupe nahm, konnten die Beamten sich ein Grinsen nicht verkneifen, denn auf der Rückseite des Umschlags stand nicht nur der Name des Räubers, sondern auch seine komplette Adresse.

So einfach hatte man es den Polizeibeamten noch nie gemacht. Keine Stunde später war der Bankräuber bereits verhaftet und das gestohlene Geld wieder im Tresor der Bank.

Fragen zum Text

1. **Worum geht es in dieser Geschichte. Fasse den Inhalt in nur einem Satz zusammen!**

Antwort:

2. **Was schreibt der Bankräuber auf einen Zettel?**

Antwort:

3. **Warum kann die Polizei den Bankräuber so schnell verhaften? Kreuze die richtige   Antwort an!**

- Ein Mitarbeiter ruft trotz Warnung die Polizei.

- Dem Bankräuber rutscht die Maske vom Gesicht und er wird erkannt.

- Die komplette Adresse des Bankräubers steht auf dem Zettel geschrieben.

- Dem Räuber fällt vor der Bank das Geld aus den Händen und ein Passant überwältigt ihn.

4. **Denk dir eine neue Überschrift für diese Geschichte aus!**

Antwort:

10. Jeder Mensch verfügt über Rechte

Alle Menschen, die auf dieser Welt leben, haben bestimmte Rechte. Vor langer Zeit haben kluge Köpfe beschlossen, dass es bestimmte Rechte geben muss, die für einen jeden Menschen gelten sollen. Somit gibt es gewisse Dinge, die jedem Menschen zustehen. Außerdem geht es in diesen Rechten um Sachen, die erlaubt und gut sind. Ein Großteil dieser Rechte ist in den Gesetzen festgehalten. Hierbei handelt es sich um Vorschriften, an die sich ein jeder in einem Land halten muss.

Auch Kinder haben natürlich Rechte. Diese werden in vier Gruppen unterteilt:

Erste Gruppe: Das Recht auf Leben und freie Entfaltung

So haben Kinder das Recht auf sämtliche Dinge, die sie zum Leben so brauchen. Dazu gehören genug Nahrung und Trinken, ärztliche Behandlung, Gesundheit sowie ein Dach über dem Kopf. Auch das Recht, zur Schule gehen zu dürfen und das Recht zu spielen und Freizeitaktivitäten in Anspruch zu nehmen, zählt dazu.

Zweite Gruppe: Das Recht auf eine gleiche Behandlung

Sämtliche Mädchen und Jungen haben stets die gleichen Rechte. Genauer gesagt bedeutet das, dass kein Kind besser oder schlechter behandelt werden darf als ein anderes.

Dritte Gruppe: Das Recht auf Kindeswohlbefinden

Ein jedes Kind hat das Recht, vor Gewalt geschützt aufzuwachsen. Es verfügt über das Recht, umsorgt sowie gesund aufzuwachsen und bei seinen Eltern zu leben.

Vierte Gruppe: Das Recht auf Beteiligung

Jedes Kind hat das Recht auf eine eigene Meinung. Alle Kinder dürfen sich also eine Meinung bilden und diese auch vertreten. Geht es um Dinge, die die Kinder betreffen, sind Erwachsene dazu verpflichtet, sich diese Meinung anzuhören und sie zu berücksichtigen.

Fragen zum Text

1. Worum geht es in diesem Text? Fasse den Inhalt in nur einem Satz zusammen!

Antwort:

2. In wie viele Gruppen ist das Recht der Kinder unterteilt? Kreuze die richtige Antwort an!

- Kinder haben das Recht auf genügend Essen und Trinken.
- Jedes Kind hat das Recht auf ein eigenes Kinderzimmer.
- Jungen und Mädchen haben nicht dieselben Rechte.
- Jedes Kind hat ein Recht auf Freizeit und Spielzeit.

3. Welches Recht für Kinder gibt es wirklich? Kreuze die richtigen Antworten an!

4. Nenne zwei weitere Rechte aus dem Text, die Kinder haben.

Antwort:

TEXTE IM BEREICH SACHKUNDE
(3. KLASSE)

1. Das immer lachende Tier

Kennst du das Tier, das immer fröhlich grinst? Quokka nennt sich dieses lachende Tierchen und lebt in Australien. Hierbei handelt es sich um ein kleines Känguru, welches maximal 60 Zentimeter groß wird. Wenn dieses Känguru sein Mäulchen öffnet, sieht es aus, als ob das Quokka lächelt. Vielleicht liegt es daran, dass Quokkas zu den sehr geselligen Tieren zählen, denn sie leben stets in Gruppen von 25 bis 150 Tieren zusammen.

Außerdem sind Quokkas Vegetarier. Sie essen ausschließlich Blüten, Gräser und Blätter. Aus diesem Grund leben sie auch meist im Buschland, in Sümpfen oder in dichten Wäldern. Tagsüber verbringen die immer lachenden Tiere gerne ihre Zeit mit ausgiebigen Schläfchen im Schatten. Quokkas gehören nämlich zu den nachtaktiven Tierchen und klettern fürs Fressen auch gerne einmal bis zu eineinhalb Meter hoch in die Bäume. Quokkas sind zudem sehr friedliche Tiere, vor denen niemand Angst haben muss. Fühlen sie sich allerdings bedrängt, können auch Quokkas ungemütlich werden. Das heißt, sie zeigen ihre Krallen und können sogar beißen.

Wenn du einmal in Australien bist, kannst du vielleicht Glück haben und hautnah ein Quokka zu sehen bekommen. Sollte dies der Fall sein, versuche niemals, die süßen Tiere mit Keksen oder anderen Leckereien anzulocken. Süßigkeiten sind für Quokkas lebensgefährlich.

Fragen zum Text

   1. Worum geht es in diesem Text? Fasse den Inhalt in nur einem Satz zusammen!

Antwort:

   2. Fülle den folgenden Steckbrief aus.

Name:

Größe:

Ernährung:

Tierart:

3. Welche Aussagen stimmen nicht? Kreuze sie an!

- Quokkas leben allein.
- Quokkas sind nachtaktiv.
- Quokkas essen Fleisch.
- Quokkas werden bis zu 80 Zentimeter groß.

4. Zu welcher Tierart gehören Quokkas?

Antwort:

2. Wie entstehen Erdbeben?

Unsere Erde besteht aus verschiedenen Schichten. In der Mitte unserer Erdkugel befindet sich ein extrem heißer Kern. Über dem Erdkern liegt dann der Erdmantel und an der Oberfläche gibt es dann noch die Erdkruste. Letzteres besteht außerdem aus vielen verschiedenen Erdplatten. Diese Erdplatten befinden sich ständig in Bewegung. Wir Menschen merken davon aber nichts.

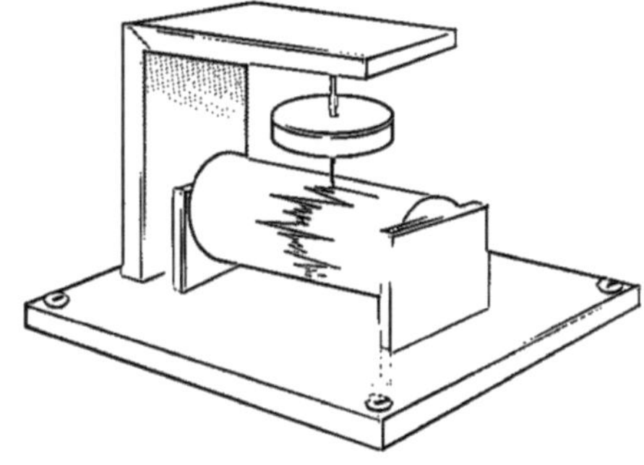

Weiter geht's mit dem Thema Erdbeben: Reiben zwei der Erdplatten sich aneinander, kommt es zwischen ihnen zu einem Spannungsaufbau. Wird diese Spannung zu groß, löst dies einen großen Druck aus und es kommt zu einem Erdbeben. Den Punkt, an dem das Erdbeben entsteht, nennen Experten dann Epizentrum. Genau von diesem Punkt aus strahlen die Erderschütterungen aus und es entstehen Erdbebenwellen.

Mithilfe eines sogenannten Seismografen lässt sich außerdem die Stärke eines Erdbebens messen. Schon die kleinste Bodenbewegung kann dieses Gerät erkennen. Gleichzeitig ist es mit einem Seismografen möglich, ein Erdbeben aufzuzeichnen. Die Erdbebenstärke gibt man dann in einer Richterskala an. Die stärksten Erdbeben, die bislang gemessen wurden, liegen zwischen 9 und 10 auf der Richterskala.

Fragen zum Text

1. Worum geht es in dem Text? Fasse den Inhalt in einem Satz zusammen!

Antwort:

2. Was befindet sich in der Mitte unserer Erdkugel?

Antwort:

3. Welche Aussagen sind richtig? Kreuze die richtigen Antworten an!

- An der Oberfläche befindet sich die Erdkruste.

- Die Erdplatten bewegen sich ständig.

- Die Erdbebenstärke ist nicht messbar.

- Das stärkste Erdbeben, das jemals gemessen wurde, lag bei 8 auf der Richterskala.

4. Wie nennt sich das Gerät, mit dem man ein Erdbeben messen kann?

Antwort:

3. Welches Tier ist das stärkste auf der Welt?

Wer diese Frage zum ersten Mal hört, denkt automatisch an sehr große Tiere wie beispielsweise an Elefanten, Wale oder Nashörner. Die Wirklichkeit sieht aber anders aus, denn das stärkste Tier dieser Welt ist eher klein. Sogar sehr klein! So ist das stärkste Tier dieser Welt die Hornmilbe. So kann ein Nashorn vielleicht problemlos ein Auto an die Seite schieben, die Hornmilbe kann aber das 1.200-fache ihres eigenen Körpergewichts tragen.

Wäre ein Nashorn zu so etwas in der Lage, könnte es ohne Probleme ein Haus auf seinem Rücken transportieren.

So gehört die Hornmilbe zu den Spinnentieren. Sie ist noch nicht einmal einen Millimeter groß. Zudem wiegt dieses winzige Tierchen nur ein zehntausendstel Gramm. Hornmilben leben am Boden und besitzen messerscharfe Scheren. Ihr Kräfteverhältnis ist schier unglaublich. Besäße ein Mensch solche Kräfte, könnte er 25 Lastwagen auf einmal stemmen und würde dabei noch nicht einmal ins Schwitzen geraten.

Schaut man sich die Säugetiere einmal genauer an, ist es der Gorilla, der mit seiner wahnsinnigen Kraft beeindruckt. Problemlos kann ein Gorilla zwei Tonnen heben. Damit gehört dieser zu den stärksten Tieren, die auf dem Land leben.

Fragen zum Text

1. Worum geht es in diesem Text? Fasse den Inhalt in einem Satz zusammen!

Antwort:

2. Fülle den Steckbrief aus!

Name:

Gewicht:

Größe:

Lebensraum:

Besondere Eigenschaft:

3. Welches Tier ist das stärkste Säugetier? Kreuze die richtige Antwort an!

- Nashorn
- Elefant
- Krokodil
- Gorilla

4. Warum ist die Hornmilbe stärker als ein Gorilla?

Antwort:

4. Warum können Flugzeuge fliegen?

Viele Menschen haben enorme Angst vor dem Fliegen. Ein Grund dafür ist, dass die wenigsten „normalen" Menschen wissen, warum Flugzeuge überhaupt fliegen können. Schließlich ist ein Flugzeug sehr groß, beladen mit zahlreichen Gepäckstücken und zusätzlich finden auch noch jede Menge Menschen in einer solchen Maschine Platz.

Flugzeuge verfügen über Flügel, die eine ganz besondere Form besitzen. Während die obere Seite der Flügel gewölbt ist, ist die untere Seite ganz flach.

Auf diese Weise entsteht der sogenannte Auftrieb. Das bedeutet, wenn sich ein Flugzeug in der Luft schnell vorwärts bewegt, strömt die Luft über sowie unter den Flügeln vorbei. Unter den Flügeln entsteht so ein Überdruck und über den Flügeln ein Unterdruck. Der Auftrieb entsteht also durch den unterschiedlich hohen Druck, der dann das Flugzeug in der Luft hält. Anders ausgedrückt entsteht über den Flügeln eines Flugzeugs ein Sog. Somit liegen Flugzeuge nicht auf der Luft, wie viele glauben, sondern sie kleben eher an der Luft.

Auf der ganzen Welt befinden sich zahlreiche Ingenieure sowie Wissenschaftler, die daran arbeiten, auch Flugzeuge weiterzuentwickeln und zu verbessern. Die großen Maschinen sollen leiser und vor allen Dingen umweltfreundlicher werden.

Fragen zum Text

1. Worum geht es in diesem Text? Fasse den Inhalt in einem Satz zusammen!

Antwort:

2. Wie sind die Flügel eines Flugzeugs geformt?

Antwort:

3. Was entsteht unter und über den Flügeln eines Flugzeugs?

Antwort:

4. Wie nennt man den unterschiedlich hohen Druck, der das Flugzeug in der Luft hält?

Antwort:

5. Welches Geheimnis rankt sich um Loch Ness?

In einem See in Schottland soll es ein Ungeheuer geben. Diese Geschichte erzählt man sich schon seit vielen Jahrzehnten. Die Menschen erzählen, dass dieses Ungeheuer aussehen soll wie eine riesige Schlange. Andere hingegen behaupten, es sähe eher einem großen Dinosaurier sehr ähnlich. Zahlreiche Menschen sagen von sich, dass sie dieses Ungeheuer bereits selbst gesehen hätten. Fast genauso viele Menschen erzählen aber im gleichen Zuge, dass sie diese Geschichte für eine Lüge halten. Was ist also richtig?

Loch Ness wird der See genannt, in dem dieses besagte Ungeheuer leben soll. Aus diesem Grund wird das Ungeheuer auch Nessie genannt. Jedes Jahr reisen viele Menschen extra nach Schottland, um das sagenumwobene Ungeheuer Nessie einmal mit eigenen Augen zu sehen. So mancher fragt sich da, ob diese Geschichte vielleicht nur erfunden wurde, um Schottland für die Touristen interessant zu machen. Schließlich gab es die ersten Erzählungen bereits im Mittelalter. Im Jahr 1933 wurde Nessie aber erst wirklich so richtig bekannt.

Experten hingegen glauben nicht an Nessie. Sie sagen, dass das Wasser im Loch Ness viel zu kalt für Fische und Pflanzen ist. Das Ungeheuer könnte hier gar nicht überleben, da es nichts zu fressen gibt. Vielleicht irren sich diese Wissenschaftler aber auch und es gibt das Ungeheuer von Loch Ness tatsächlich. Schließlich ist der See extrem tief. Bis zu 230 Meter geht es hier hinunter.

Fragen zum Text

1. Worum geht es in diesem Text? Fasse den Inhalt in einem Satz zusammen!

Antwort:

2. Warum glauben Experten, dass es Nessie nicht gibt?

Antwort:

3. In welchem Land können Urlauber den See „Loch Ness" finden? Kreuze die richtige Antwort an!

• Irland

• England

• Dänemark

• Schottland

4. Wann wurde das Ungeheuer Nessie so richtig berühmt?

Antwort:

6. Was essen Schweine?

Schweine essen im Grunde alles. Aus diesem Grund werden sie auch Allesfresser genannt. Das heißt, sie ernähren sich sowohl von tierischer als auch von pflanzlicher Kost. Was im Lebensraum der Schweine natürlich vorkommt, wird allerdings in der Regel von diesen Tieren bevorzugt gefressen. Ist das Angebot an Nahrung groß, suchen sie sich aber auch gerne ihre Lieblingsspeisen heraus. Edelkastanien sowie Eicheln gehören dazu. Diese gibt es gerade im Herbst zur Genüge. Mit ihrem gut beweglichen und kräftigen Rüssel sind diese auf dem Boden auch schnell gefunden. Verschiedene Insekten, aber auch fette Larven gehören zu den Leibspeisen von Schweinen. Gleiches gilt für frisches Gras, Gemüse, Knollen und Früchte. Ihren Durst löschen Schweine gerne mit ausreichend Wasser.

Schweine, die auf einem Bauernhof leben, bekommen meist Garten- sowie Küchenabfälle, aber auch Obst, Getreideschrot und Gemüse zu fressen. Das Getreide wird für diese Tiere extra geschrotet, denn ansonsten können die Schweine diese Mahlzeit nicht verdauen. Je mehr Eiweiß und Stärke im Futter enthalten ist, desto schneller wachsen Schweine. Bekommen die Tiere stets ausreichend Bewegung, wachsen sie hingegen langsamer. Dafür ist aber die Qualität des Fleisches hinterher besser. Schweine, die abwechslungsreiche Mahlzeiten erhalten und stets genügend Auslauf bekommen, sind zudem glücklicher als Schweine, die in sogenannten Mastbetrieben gehalten werden.

Fragen zum Text

1. Worum geht es in diesem Text? Fasse den Inhalt in einem Satz zusammen!

Antwort:

2. Was fressen Schweine gerne?

Antwort:

3. Was muss das Futter enthalten, damit Schweine schneller wachsen? Kreuze die richtige Antwort an!

- Fett und Kohlenhydrate

- Nährstoffe und Zucker

- Eiweiß und Stärke

- Proteine und Vitamine

4. Wann sind Schweine glücklich?

Antwort:

7. Wie trennt man den Müll richtig?

Um den Müll richtig trennen zu können, muss man natürlich wissen, welcher Müll in welche Mülltonne gehört. Das ist nicht überall gleich. In jeder Region finden sich da ein paar Unterschiede. Hierzulande ist es meist so, dass Folien, Kunststoff, Aluminium und Konserven in den Gelben Sack geworfen werden. Einige Regionen haben dafür eine gelbe Mülltonne anstatt eines Sacks. Die Blaue Tonne hingegen ist die Papiertonne. Zeitungen sowie Kartons und alle Sachen aus Papier kommen hier hinein. Wobei es auch Gegenden gibt, die diesen Müll in Papiersäcke werfen. Taschentücher, Tapeten mit Kleister oder anderes beschichtetes Papier dürfen allerdings nicht in den Papiersäcken oder Papiertonnen entsorgt werden.

Verderblicher Abfall wie Essensreste, Obst- und Gemüseabfälle gilt es, in die Biotonne zu werfen. Diese hat überall eine andere Farbe. In einigen Regionen ist diese grün, in anderen wiederum handelt es sich um eine braune Mülltonne. Glasflaschen und Gläser ohne Pfand dürfen dagegen nicht zu Hause entsorgt werden. Diese müssen zum Glascontainer gebracht und nach Farben in die entsprechenden Behältnisse geworfen werden. In die schwarze Tonne, die sogenannte Restmülltonne, kommt all das, was übrig geblieben ist. Hygieneartikel gehören zum Beispiel dazu. Elektromüll sowie Sondermüll gehören aber nicht dazu. Letzteres sind beispielsweise Reinigungsmittel.

Fragen zum Text

1. Worum geht es in diesem Text? Fasse den Inhalt in einem Satz zusammen!

Antwort:

2. Was darf nicht in die Restmülltonne? Kreuze die richtigen Antworten an!

- Plastik

- Hygieneartikel

- Dosen

- Glasflaschen

3. Welche Farbe hat die Papiertonne?

Antwort:

4. Was darf in die Biotonne?

Antwort:

8. Die Vögel

Alle Vögel gehören zu den Wirbeltieren. Das heißt nichts anderes, als dass alle Vogelarten eine Wirbelsäule besitzen. Sämtliche Vögel stammen außerdem von den Dinosauriern ab. Experten vermuten, dass es damals Dinosaurier gegeben hat, die ebenfalls ein Federkleid besessen haben. Der erste Vogel heißt Archaeopteryx.

Vor circa 150 Millionen Jahren hat dieser Urvogel gelebt. Dieser konnte damals noch nicht gut fliegen, kaum vergleichbar mit den Vogelarten von heute. Sämtliche Vögel besitzen außerdem Federn, was allerdings nicht bedeutet, dass auch alle Vögel gute Flieger sind.

So gibt es auch Vögel, die nicht fliegen können, wie der Strauß oder der Pinguin. Andere Vögel hingegen verbringen einen Großteil ihres Lebens in der Luft. Sowohl die Albatrosse als auch die Mauersegler kommen nur auf die Erde, um ihren Nachwuchs auszubrüten.

Jede Vogelart hat sich inzwischen an ganz unterschiedliche Lebensräume angepasst. Überall auf unserem Erdball gibt es Vögel. Die Federn bestehen aus Hornmaterial, welches sich mit unseren Fingernägeln vergleichen lässt. Somit sind diese eigentlich nichts anderes als umgeformte Hände mit Fingern. Statt eines Mauls haben alle Vögel außerdem einen Schnabel und legen Eier.

Die Nester der verschiedenen Vogelarten hingegen können unterschiedlich aussehen. Es gibt einige Vögel, die sehr kunstvolle Nester bauen. Andere wiederum legen ihre Eier einfach zwischen Steinen auf dem Erdreich ab. Die meisten Vögel brüten ihre Eier in den Nestern aus, die sich hoch oben in den Baumwipfeln befinden. Hier ist der Nachwuchs am besten vor Feinden geschützt. Einige andere Vogelarten nutzen aber auch Höhlen in den Bäumen oder auf dem Boden.

Außerdem sind nicht alle Vogelarten Zugvögel. Das heißt, nicht jeder Vogel fliegt im Winter in den Süden. Drosseln, Schwalben, Mauersegler und Stare gehören aber dazu.

Fragen zum Text

1. **Worum geht es in diesem Text? Fasse den Inhalt in einem Satz zusammen!**

Antwort:

2. **Nenne fünf Vogelarten!**

Antwort:

3. **Von welchem Tier stammen Vögel ab?**

Antwort:

4. **Welche Vögel können nicht fliegen? Kreuze die richtigen Antworten an!**

- Kuckuck
- Strauß
- Pinguin
- Albatros

9. Fünf Sinne hat der Mensch

Die meisten Menschen verfügen über insgesamt fünf Sinne. Tasten, Schmecken, Sehen, Riechen und Hören gehören dazu. All diese Sinne sind nicht nur äußerst praktisch, sondern bringen auch eine schützende sowie warnende Funktion mit sich. Schließlich kann man Gefahren oftmals im Vorfeld sehen und hören, bevor diese zu einer Bedrohung werden. Gleiches gilt für den Geruchssinn, denn ein Feuer oder verdorbenes Essen kann man meist zuvor riechen.

Funktioniert ein Sinn nicht mehr richtig, kommt es häufig vor, dass die anderen Sinne dann ausgeprägter funktionieren. So kann ein Mensch, der blind ist, meist besser hören. Oftmals ist bei blinden Menschen außerdem der Tastsinn weitaus besser ausgeprägt.

All unsere Sinne sind somit enorm wichtig und können in einer jeden Situation hilfreich sein. So helfen diese auch bei einem ganz normalen Gespräch mit einer anderen Person, denn mithilfe unserer Sinne ist es einfach, den anderen einzuschätzen. Auf diese Weise hat man zum Beispiel die Möglichkeit, Streitereien aus dem Weg zu gehen. Auch im Alltag sowie bei der Arbeit kommen uns unsere Sinne stets zugute, sodass es Sinn macht, diese gezielt zu trainieren.

Fragen zum Text

1. Worum geht es in diesem Text? Fasse den Inhalt in einem Satz zusammen!

Antwort:

2. Wie viele Sinne hat ein Mensch? Kreuze die richtige Antwort an!

- Vier
- Sechs
- Drei
- Fünf

3. Wie heißen die einzelnen Sinne?

Antwort:

4. Was geschieht, wenn ein Sinn nicht mehr funktioniert?

Antwort:

10. Die Banane

Botanisch wird die Banane auch „Musa"
genannt. Hierbei handelt es sich um
sogenannte einkeimblättrige Pflanzen,
von denen es circa 70 verschiedene
Arten gibt. Nur wenige dieser Pflanzen
bilden essbare Früchte. Ursprünglich
stammen die Bananenpflanzen aus
tropischen Ländern wie Thailand und
Malaysia. Erst später wurden sie
ebenfalls in Afrika sowie in Indien
angebaut. Hier wurde die Banane durch
die Kreuzzüge bekannt.

In der Regel werden Bananen roh als Obst verspeist. Außerdem werden sie auch
gerne verarbeitet, sodass wir Bananen auch im Fruchtjoghurt, in Bananenmilch und in
anderen Milchspeisen finden können. In den meisten Fällen handelt es sich stets um
Süßspeisen.

Die Bananenpflanze ist mehrjährig, immergrün und krautig. Einen Stamm aus Holz
besitzt diese Pflanze nicht. Der Scheinstamm besteht aus Stängeln der Bananenblätter.
Je nach Sorte kann eine Bananenpflanze zwischen einem und sechs Meter groß
werden. Sogar die Blätter können bis zu zwei Meter lang und bis zu 60 Zentimeter
breit werden. Die Blüten einer solchen Pflanze können sowohl weiblich als auch
männlich sein. Verschiedene Fledermausarten bestäuben diese dann oftmals. Die
Früchte bilden dann „Büschel", welche nach außen wachsen. Da diese sehr schwer
werden, krümmen sie sich dann nach unten und die Banane erhält ihre typische
krumme Form.

Fragen zum Text

1. Worum geht es in diesem Text? Fasse den Inhalt in einem Satz zusammen!

Antwort:

2. Wer befruchtet die Bananenblüten?

Antwort:

3. Wie groß kann eine Bananenpflanze werden? Kreuze die richtige Antwort an!

- Ein bis sechs Meter

- Ein bis drei Meter

- Ein bis zehn Meter

- Ein bis fünf Meter

4. Woraus besteht der Stamm einer Bananenpflanze?

Antwort:

TEXTE IM BEREICH SACHKUNDE (4. KLASSE)

1. Rund um Nordrhein-Westfalen

Im Westen von Deutschland liegt das Bundesland Nordrhein-Westfalen. Mit ungefähr 17,93 Millionen Einwohnern ist NRW das bevölkerungsreichste Bundesland und das bei einer Fläche von 34.110 Quadratkilometern. Düsseldorf ist hier die Landeshauptstad, wobei in Köln die meisten Menschen leben. Duisburg, Dortmund und Essen sind ebenso Großstädte dieses Bundeslandes. Der zweite Regierungssitz findet sich hingegen in Bonn. Suchst du das größte Ballungszentrum hinsichtlich des Bergbaus und der Industrie, findest du dieses im Rhein-Ruhrgebiet. Die Niederlande sowie Niedersachsen grenzen im Norden an Nordrhein-Westfalen, während es im Osten Hessen ist. Im Westen findet sich außerdem die Grenze zu Belgien und im Süden die Grenze zu Rheinland-Pfalz. Die Weser, die Ems, der Rhein sowie die Ruhr sind einige große Flüsse, die durch Nordrhein-Westfalen fließen.

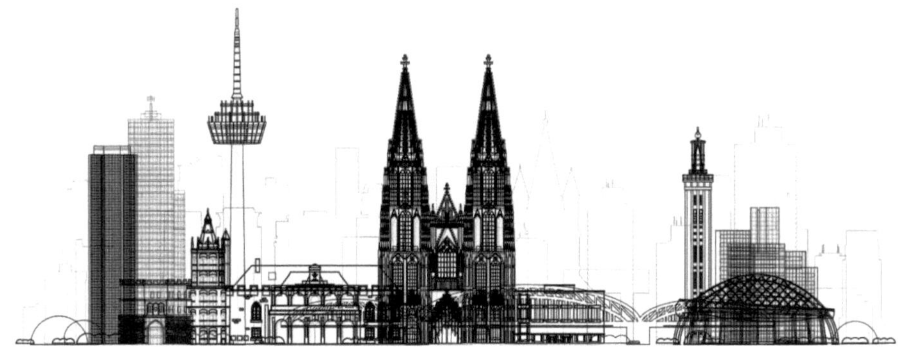

Im Jahr 1770 wurde der Komponist Ludwig von Beethoven in Bonn geboren. Weitere berühmte Persönlichkeiten sind der Maler Peter Paul Rubens sowie der Formel-1-Fahrer Michael Schumacher. Außerdem kann dieses Bundesland mit zahlreichen Denkmälern auftrumpfen. So findest du hier den Kölner Dom, das Kaiser-Wilhelm-Denkmal, das Hermannsdenkmal und noch viele mehr.

Auch die Küche Nordrhein-Westfalens hat einiges zu bieten. Die bekanntesten Gerichte sind beispielsweise Dicke Bohnen mit Speck, Hammelkeule, Sauerbraten oder Linseneintopf. Wissenswert ist außerdem, dass der Pumpernickel in Nordrhein-Westfalen sogar erfunden wurde.

Fragen zum Text

1. Worum geht es in diesem Text? Fasse den Inhalt in einem Satz zusammen!

Antwort:

2. Wie heißt die Landeshauptstadt von Nordrhein-Westfalen? Kreuze die richtige Antwort an!

- Bonn

- Köln

- Düsseldorf

- Essen

3. Wie viele Menschen leben in Nordrhein-Westfalen?

Antwort:

4. Wo wurde der Komponist Ludwig von Beethoven geboren?

Antwort:

2. Welches Tier ist das schnellste auf der Welt?

Egal, ob im Wasser, auf der Erde oder in der Luft: Über viele Jahre haben sich die Tiere auf dieser Welt an ihre Umgebung angepasst. Je schneller sich ein Tier bewegen kann, desto besser kann es sich vor Feinden schützen. Wer schnell rennen, fliegen oder schwimmen kann, kann schnell flüchten. Aber welches Tier ist jetzt eigentlich das schnellste auf dieser Welt?

Ein wahrer Sprinter auf Erden ist der Gepard. Über 110 km/h schnell kann dieses Tier laufen und somit kann der Gepard auf der Autobahn problemlos mit einem PKW mithalten. Bis zu acht Meter pro Schritt und circa vier Schritte pro Sekunde legt dieses Tier bei einer solchen Geschwindigkeit zurück. Der Gepard zählt zu den Raubtieren und lebt in Afrika. Er gehört zur Familie der Katzen. Am liebsten ernährt sich der Gepard von Fleisch. Gazellen stehen gerne auf seinem Speiseplan.

Im Wasser müssen sich zwei Tiere den ersten Platz teilen, wenn es um Schnelligkeit geht. Sowohl der Segelfisch als auch der Blaue Marlin können ebenfalls eine Geschwindigkeit von bis zu 110 km/h erreichen. Beide Tierarten zählen zu der Familie der Schnabelfische. Dank ihrer rasanten Schnelligkeit fällt es beiden Tieren leicht, Beute zu machen. Da hat auch ein Tintenfisch keine Chance.

Ein wahrer Sprinter auf Erden ist der Gepard. Über 110 km/h schnell kann dieses Tier laufen und somit kann der Gepard auf der Autobahn problemlos mit einem PKW mithalten. Bis zu acht Meter pro Schritt und circa vier Schritte pro Sekunde legt dieses Tier bei einer solchen Geschwindigkeit zurück. Der Gepard zählt zu den Raubtieren und lebt in Afrika. Er gehört zur Familie der Katzen. Am liebsten ernährt sich der Gepard von Fleisch. Gazellen stehen gerne auf seinem Speiseplan.

Im Wasser müssen sich zwei Tiere den ersten Platz teilen, wenn es um Schnelligkeit geht. Sowohl der Segelfisch als auch der Blaue Marlin können ebenfalls eine Geschwindigkeit von bis zu 110 km/h erreichen. Beide Tierarten zählen zu der Familie der Schnabelfische. Dank ihrer rasanten Schnelligkeit fällt es beiden Tieren leicht, Beute zu machen. Da hat auch ein Tintenfisch keine Chance.

Die absoluten Spitzenreiter, wenn es um Schnelligkeit geht, sind und bleiben aber die Vögel. So mancher schafft es hier problemlos, mit bis zu 200 km/h durch die Lüfte zu düsen. Der Mauersegler ist sogar in der Lage, während des Fliegens ein Schläfchen zu halten. Vor allem im Sturzflug können Vögel enorme Geschwindigkeiten erreichen. Im Fallen beschleunigen die Vögel ihr Tempo, um am Boden Beute zu machen. Hierbei ist der Wanderfalke der schnellste von allen. Er kann im Sturzflug eine Geschwindigkeit von bis zu 400 km/h erreichen.

Fragen zum Text

1. Worum geht es in diesem Text? Fasse den Inhalt in einem Satz zusammen!

Antwort:

2. Welche Tiere sind im Wasser am schnellsten?

Antwort:

3. Wie schnell läuft ein Gepard?

Antwort:

4. Wie viele km/h kann ein Wanderfalke im Sturzflug erreichen? Kreuze die richtige Antwort an!

- 350 km/h

- 200 km/h

- 400 km/h

- 110 km/h

3. Auf dem Mond gelandet

Zum ersten Mal überhaupt landete im Jahr 1969 ein Mensch auf dem Mond. Neil Armstrong, ein Amerikaner, war damals der Glückliche. Als er den Mond betrat, sagte er einen Satz, der auf der ganzen Welt berühmt wurde: „Das ist ein kleiner Schritt für einen Menschen, aber ein großer für die Menschheit." Insgesamt waren es damals drei Astronauten, die sich mit der Apollo 11 auf den Weg zum Mond machten. Neben Neil Armstrong waren noch Michael Collins sowie Edwin Aldrin mit dabei. Geleitet wurde das Ganze von der NASA.

Von Florida aus ging es am 16. Juli 1969 los Richtung Mond. Drei Tage dauerte es, bis die drei Astronauten die Mondumlaufbahn erreichten. Einen Tag darauf landete die Rakete dann bereits auf dem Mond. Die ganze Welt wurde damals Zuschauer bei diesem großartigen Ereignis. In jedem Fernseher flimmerte die erste Mondlandung. Ein aufregender Tag für die gesamte Menschheit.

Vor der Mondlandung gab es aber allerlei zu planen. Es dauerte viele Jahre und brauchte sorgfältige Vorbereitung, bis die Apollo 11 endlich in Richtung Mond losfliegen konnte. So mussten die Experten der NASA zuvor eine geeignete Landestelle auf dem Mond finden, was gar nicht so einfach war. Ähnlich wie bei uns auf der Erde verfügt auch der Mondboden über unterschiedliche Oberflächen. Es gibt auch auf dem Mond sogenannte Mondmeere sowie Berge, wobei die Mondmeere nicht mit Wasser gefüllt sind. Es handelt sich um Tiefebenen. In einer solchen ist dann 1969 auch die Apollo 11 gelandet.

Fragen zum Text

1. Worum geht es in diesem Text? Fasse den Inhalt in einem Satz zusammen!

Antwort:

2. Was sagte Neil Armstrong, als er das erste Mal den Mond betrat?

Antwort:

3. Wie hieß die Rakete, mit der die drei Astronauten 1969 zum Mond flogen?

Antwort:

4. Wo landete die Apollo 11 auf dem Mond genau?

Antwort:

4. Ohne Wasser gibt es kein Leben

Gäbe es kein Wasser auf unserer Erde, gäbe es auch kein Leben. Wir brauchen Wasser zum Waschen, zum Kochen und natürlich auch zum Trinken. Letzteres benötigen natürlich auch Pflanzen und Tiere. Hinzu kommt, dass die Industrie ebenfalls Wasser benötigt, um Kleidung, Essen und Weiteres herzustellen.

Außerdem besitzt Wasser auch im menschlichen Körper verschiedene Aufgaben. Vor allem unser Gehirn und unsere Nieren benötigen stets ausreichend Flüssigkeit. So brauchen die Nieren Wasser, um giftige Substanzen aus dem Körper zu leiten. Das Gehirn hingegen braucht diese Flüssigkeit, um richtig funktionieren zu können. Ein Großteil unseres Blutes besteht ebenfalls aus Wasser. Dieses verteilt die Nährstoffe in unserem Körper und versorgt gleichzeitig unsere Organe. Aus diesem Grund müssen Menschen jeden Tag genügend trinken. Schließlich verliert der Körper das Wasser auch wieder, indem er zum Beispiel schwitzt. Ohne Wasser kann ein Mensch nur drei Tage überleben. Erwachsene sollten daher täglich zwischen zwei und drei Liter Wasser trinken. Kinder brauchen circa zwischen einem und zwei Liter Flüssigkeit.

Unsere Erde verfügt aber auch nicht über endlose Mengen Wasser. Verschwendetes sowie verschmutztes Wasser werden immer mehr zum Problem. Aus diesem Grund sollten wir sorgsam mit unserem Wasser umgehen, denn verschmutztes Wasser lässt sich nicht mehr in Trinkwasser verwandeln.

Fragen zum Text

1. Worum geht es in diesem Text? Fasse den Inhalt in einem Satz zusammen!

Antwort:

2. Wo in unserem Körper wird Wasser gebraucht? Schreibe drei Beispiele auf!

Antwort:

3. Wie viel Wasser sollte ein Kind trinken? Kreuze die richtige Antwort an!

- Zwischen zwei und drei Liter

- Zwischen drei und vier Liter

- Zwischen einem und zwei Liter

- Zwischen vier und fünf Liter

4. Warum sollten wir sorgsam mit unserem Wasser umgehen?

Antwort:

5. Die Olympischen Spiele

Bestimmt hast du schon einmal von den
Olympischen Spielen gehört! Eventuell hast du sie
sogar schon selbst im Fernseher angeschaut! Hast
du dich dabei auch schon mal gefragt, was die
Spieler tun mussten, um an diesen teilnehmen zu
dürfen?

Zuerst einmal musst du natürlich eine Sportart
ausüben, die ein Teil der Olympischen Spiele ist. In
dieser musst du dann überaus gute Leistungen
vorweisen können. Meist treten Spieler sowie
Spielerinnen im Vorfeld erst einmal bei
Wettkämpfen in ihrer Gegend an. Anschließend
kommen die größeren Turniere wie die Deutsche
Meisterschaft und die Weltmeisterschaft. Sportler,
die hier gut abschneiden, können sich damit für
wichtigere Turniere qualifizieren.

Um überhaupt so weit zu kommen, müssen die Sportler und Sportlerinnen natürlich
jede Menge trainieren. Überaus gute Sportler sowie Sportlerinnen können auf diese
Weise dann für den Kader des Olympischen Teams nominiert werden. Der nationale
Sportverband und das Internationale Sportkomitee nehmen eine solche Nominierung
vor. Das Mindestalter, welches sich nach der Sportart richtet, liegt hier zwischen 16
und 18 Jahren.

Alle vier Jahre finden die Olympischen Spiele statt. Hierbei handelt es sich um die
wichtigsten und bekanntesten Wettkämpfe der Welt. Während es bei den
Sommerspielen insgesamt 33 Sportarten gibt, gibt es bei den Winterspielen nur 15.
Zusätzlich gibt es dann noch die Paralympischen Spiele. Menschen mit Behinderungen
treten hier in verschiedenen Wettkämpfen gegeneinander an.

Fragen zum Text

1. Worum geht es in diesem Text? Fasse den Inhalt in einem Satz zusammen!

Antwort:

2. Wer nominiert die Sportler und Sportlerinnen für die Olympischen Spiele?

Antwort:

3. Wie viele Sportarten gibt es bei den Winterspielen? Kreuze die richtige
   Antwort an!

- 33
- 25
- 15
- 36

4. Wie alt müssen die SportlerInnen sein, um an den Olympischen Spielen
   teilnehmen zu dürfen?

Antwort:

6. Was geschieht mit unserem Müll?

Für uns alle ist es meist ganz selbstverständlich, unseren Müll in der entsprechenden Mülltonne zu entsorgen. Regelmäßig wird dieser dann in der Regel von den Entsorgungsbetrieben abgeholt. Doch was geschieht dann eigentlich mit unserem Müll?

Je nach Müllart wird dieser dann weiterverarbeitet. Aus diesem Grund ist es auch so bedeutend, dass wir den Müll richtig trennen. Verpackungsmüll aus beschichteter Pappe, Plastik sowie Metall gehören bekanntlich in den Gelben Sack oder die gelbe Tonne.

Genauer gesagt heißt das, dass Joghurtbecher, Milchtüten, Konserven und Co. hier hineingeworfen werden. Im Entsorgungsbetrieb werden Plastik sowie Metall dann wieder in ihre Bestandteile zerlegt und wieder zu Plastik und Metall neu verarbeitet. So kann aus mehreren Joghurtbechern anschließend ein Gartenstuhl werden. Der neu hergestellte Kunststoff darf allerdings nicht wieder für Lebensmittel dienen.

Altpapier sowie Altglas werden in extra Containern gesammelt. Aus dem alten Glas wird neues Glas hergestellt und aus dem Altpapier neues Papier. Dann gibt es noch den Biomüll. Im Grunde ist dies gar kein Müll, denn wenn man diesen auf den Kompost wirft, wird dieser nach einiger Zeit wieder zu Erde. Auf dieser können dann wieder neue Pflanzen gedeihen.

Der Restmüll, der in der Regel in der schwarzen Tonne landet, kann nicht wiederverwendet werden. Hierbei handelt es sich dann tatsächlich um Müll, den man vermeiden sollte. In den Entsorgungsbetrieben wird dieser meist verbrannt. Dies ist allerdings nicht gut für unsere Umwelt, denn so wird die Luft verschmutzt und unser Klima geschädigt.

Fragen zum Text

1. Worum geht es in diesem Text? Fasse den Inhalt in einem Satz zusammen!

Antwort:

2. Welchen Müll sollten wir besser vermeiden und warum?

Antwort:

3. Was wird aus Biomüll, wenn du ihn auf den Kompost wirfst?

Antwort:

4. Was passiert mit dem Plastikmüll in den Entsorgungsbetrieben?

Antwort:

7. Sonnenblumen im Garten

Irgendwie hat es etwas Magisches, wenn man einer Pflanze beim Wachsen zuschauen kann. So kannst du beobachten, wie aus einem kleinen Samenkorn eine bunte, schöne Blume wird. Dieses kleine Wunder kannst du auch ganz leicht selbst erleben.

Dafür brauchst du:

- Etwas Erde (entweder draußen oder in einem Blumentopf)

- Wasser

- Ein paar Sonnenblumenkerne

Hast du all die Dinge bereitgelegt, gibst du Erde in einen Blumentopf. Dann legst du die Sonnenblumenkerne darauf und drückst diese circa zwei Zentimeter tief in die Erde. Am einfachsten ist es, wenn du mit deinem Finger ein Loch in die Erde bohrst, den Kern hineinlegst und das Loch wieder mit Erde verschließt. Sobald die Erde trocken wird, gilt es dann, Wasser über das Ganze zu gießen. Der Blumentopf sollte außerdem stets an einem hellen Ort stehen. Bereits nach wenigen Tagen wirst du dann die erste grüne Spitze aus der Erde sprießen sehen. Von da an kannst du täglich dabei zusehen, wie deine Sonnenblume wächst.

Eigentlich kommen Sonnenblumen aus Südamerika. Vor vielen Jahren haben spanische Seefahrer sie nach Deutschland gebracht. Sonnenblumen sehen außerdem nicht nur toll aus, die Blumen haben auch einen Nutzen. Man kann Öl sowie Biodiesel aus diesen Blumen gewinnen und sie ebenso als Futterpflanze verwenden. Zudem sind Sonnenblumenkerne kleine Vitaminbomben, die sehr gut schmecken.

Sonnenblumen besitzen außerdem eine besondere Eigenschaft. Sie richten sich immer nach der Sonne. Das bedeutet, dass diese Blumen ihre Blüten stets Richtung Sonne wenden. Bienen sowie Hummeln lieben Sonnenblumen und sammeln Nektar und Pollen von den Blüten. Vögel hingegen holen sich nur zu gerne die Kerne aus der Blüte, wenn diese verblüht.

Fragen zum Text

1. Worum geht es in diesem Text? Fasse den Inhalt in einem Satz zusammen!

Antwort:

2. Woher kommen Sonnenblumen ursprünglich? Kreuze die richtige Antwort an!

- Südafrika

- Südamerika

- Südostasien

- Süddeutschland

3. Was kann man aus Sonnenblumen gewinnen?

Antwort:

4. Welche besondere Eigenschaft besitzen Sonnenblumen?

Antwort:

8. Der Braunbär

Der Braunbär gehört zu den Säugetieren. Genauer gesagt zur Familie der Raubtiere. Bären können bis zu 800 Kilogramm schwer werden. Der Braunbär hat kleine Augen, runde Ohren und an jeder seiner vier Pfoten fünf Zehen. Zudem sind Bären stets Einzelgänger. In der kältesten Jahreszeit, also im Winter, halten Bären Winterschlaf.

Im Frühling, Sommer sowie Herbst hingegen schlafen sie häufig am Tage in hohlen Baumstämmen, in Höhlen oder in Erdgruben. Geht es um ihren Speiseplan, ist die Liste fast schon endlos lang, denn Bären fressen fast alles, was sich in der Natur so finden lässt. Fische, Insekten, Beeren sowie Nagetiere sind nur einige Beispiele.

Bekommt eine Bärin Junge, trinken die Kleinen erst einmal nur Muttermilch. Fast zwei Jahre bleiben die Jungbären bei ihrer Mutter. Anschließend werden auch sie zu Einzelgängern. Braunbären, die in der freien Natur leben, können zwischen 20 und 30 Jahre alt werden. Im Zoo hingegen werden Bären auch gerne einmal bis zu 50 Jahre alt.

In zahlreichen europäischen Gegenden ist der Braunbär nur noch selten zu sehen, denn diese Tierart ist inzwischen vom Aussterben bedroht. In der Schweiz, aber auch in Österreich gibt es mittlerweile wieder ein paar von ihnen. Gerne räumen diese, ähnlich wie Waschbären, die Mülltonnen leer. Manchmal kann man in der Zeitung lesen, dass ein Bär Schafe gerissen hat.

Fragen zum Text

1. Worum geht es in diesem Text? Fasse den Inhalt in einem Satz zusammen!

Antwort:

2. Wie schwer kann ein Braunbär werden?

Antwort:

3. Wo leben Braunbären heute noch in freier Natur? Kreuze die richtigen Antworten an!

- Australien
- Österreich
- Schweiz
- Schweden

4. Was machen Braunbären im Winter?

Antwort:

9. Wissenswertes über Bäume

Bäume gehören zu den größten Pflanzenarten, die es auf unserer Welt gibt. Sie werden sehr viel älter als andere Pflanzen und Lebewesen. Für unser Leben auf der Erde spielen Bäume eine sehr bedeutende Rolle. So sorgen sie dafür, dass wir stets genügend Sauerstoff haben, denn Bäume sind in der Lage, Kohlenmonoxid in Sauerstoff umzuwandeln. Um die nötige Luftfeuchtigkeit zu erhalten, verdunsten sie außerdem Wasser. Bäume liefern uns Menschen Holz. Dieses Material benötigen wir für allerlei Dinge.

Im Frühling bekommen die meisten Bäume endlich wieder schöne grüne, saftige Blätter. Diese spenden uns im Sommer Schatten. Im Herbst, aber auch zu anderen Jahreszeiten hingegen dürfen wir leckere Früchte von ihnen ernten. Auch viele Tiere brauchen Bäume. Hier finden sie ihren Lebensraum und jede Menge Nahrung. Zudem suchen hier einige Tierarten gerne Schutz.

Doch leider können Bäume nicht überall auf unserer Welt gedeihen. Um wachsen zu können, benötigen diese ausreichend Sonnenlicht, Sauerstoff, Wasser und Mineralien. Diese Voraussetzungen gibt es nicht überall auf der Erde. Außerdem können Bäume nur da wachsen, wo es im Sommer eine Durchschnittstemperatur von über zehn Grad Celsius gibt. Die Niederschlagsmengen müssen sich zudem über 20 cm pro Jahr bewegen.

In Wüsten wachsen zwar auch Bäume, aber nur vereinzelt. Lediglich in Oasen, an Bächen oder Flüssen finden sich Bäume, denn hier ist der Grundwasserspiegel nicht ganz so niedrig. In Gebirgen, in der antarktischen Tundra sowie in der Antarktis hingegen wachsen leider keine Bäume. Hier finden Bäume nicht die richtigen Voraussetzungen.

Fragen zum Text

1. Worum geht es in diesem Text? Fasse den Inhalt in einem Satz zusammen!

Antwort:

2. Warum sind Bäume für uns alle so wichtig?

Antwort:

3. Welche Voraussetzungen brauchen Bäume, um richtig zu wachsen?

Antwort:

4. Wo wachsen überhaupt keine Bäume?

Antwort:

10. Der Igel

Igel sind besonders leicht an ihren braunen Stacheln mit weißen Spitzen zu erkennen. Beginnt die Dämmerung, gehen Igel auf Wanderschaft und das in der Regel allein, denn Igel sind Einzelgänger. Obwohl sie meist eher gemächlich durch die Gegend tippeln, können Igel auch klettern, laufen und sind gute Schwimmer. Trotzdem läuft ein Igel nicht weg, wenn es plötzlich zu brenzligen Situationen kommt. Er igelt sich einfach ein und stellt seine spitzen Stacheln auf. Kaum ein Feind ist in der Lage, diese stachelige Kugel zu knacken.

Gehen Igel auf Nahrungssuche, verlassen sie sich zum Großteil auf ihre feine Nase, wobei sie aber ebenso sehr gut hören können. Den Tag verschlafen Igel meist, damit sie in der Nacht munter genug sind. Eine Höhle, ein Unterschlupf im Gebüsch oder ein Spalt dienen ihnen gerne als Schlafplatz. Ihr Bett polstern die kleinen stacheligen Tiere nur zu gerne mit Gras, Laub und Moos aus. Schließlich kommt der nächste Winter bestimmt. Igel essen zudem allerlei Krabbeltiere, denn diese Tiere sind Insektenfresser. Auf dem Essensplan stehen daher meist Tausendfüßler, Ohrwürmer, Nachtfalter, Käfer, Asseln sowie Spinnen. Gerne essen sie aber auch Kreuzottern, Regenwürmer, Kröten, Frösche und Schnecken. Ebenso lieben Igel Vögel sowie Mäuse. Diese stehen allerdings eher selten auf ihrem Speiseplan, denn Mäuse und Vögel sind meist flinker.

Fragen zum Text

1. Worum geht es in diesem Text? Fasse den Inhalt in einem Satz zusammen!

Antwort:

2. Wie schützen sich Igel vor Feinden?

Antwort:

3. Wovon ernähren sich Igel? Nenne sechs Beispiele!

Antwort:

4. Wie finden Igel ihre Nahrung?

Antwort:

TEXTE IM BEREICH RUND UM DIE WELT (3. KLASSE)

1. Die Chinesische Mauer

Wie der Name schon erahnen lässt, findest du die Chinesische Mauer in China. Diese Mauer nennen die Chinesen die „Zehntausend-Meilen-lange-Mauer". Bereits vor 2.600 Jahren begannen die Chinesen mit dem Bau dieser Mauer, um ihr Land Schutz vor anderen Völkern bieten zu können. Zwischen 400 und 700 Jahre ist allerdings erst der Teil der Chinesischen Mauer alt, den man sich heute noch anschauen kann. Insgesamt dauerte der Mauerbau also ungefähr 2.000 Jahre. Eine ganz schön lange Zeit!

Außerdem wurde die Chinesische Mauer aus unterschiedlichen Materialien gebaut. So besteht diese unter anderem aus Stein, Lehm, Holz sowie Ziegeln. Über 21.000 Kilometer ist die Chinesische Mauer lang. Damit ist sie länger als die Strecke zwischen Deutschland und Neuseeland. Inzwischen ist ein Großteil der Mauer bereits verfallen. In regelmäßigen Abständen findet man zwischen der Mauer zudem Türme. Von diesen Aussichtstürmen aus haben die Soldaten früher nach Feinden Ausschau gehalten. Sechs Meter breit ist die Chinesische Mauer und zwischen vier und 16 Meter hoch. Sie verläuft über Gebirge, Täler sowie Wüstenlandschaften.

Einige Menschen behaupten immer wieder, dass man die Chinesische Mauer sogar vom Mond aus sehen kann. So handelt es sich hier zwar tatsächlich um ein imposantes Bauwerk, aber diese Behauptung stimmt leider trotzdem nicht. Aus dem Weltraum sieht das Ganze eher wie ein weit entfernter Strich aus.

Fragen zum Text

1. Worum geht es in diesem Text? Fasse den Inhalt in einem Satz zusammen!

Antwort:

2. Wie hoch, breit und lang ist die Chinesische Mauer?

Antwort:

3. Wie lange wurde an der Chinesischen Mauer gearbeitet? Kreuze die richtige
Antwort an!

- 3.000 Jahre

- 2.500 Jahre

- 2.000 Jahre

- 4.000 Jahre

4. Warum bauten die Chinesen diese Mauer?

Antwort:

2. Was essen die Menschen in Vietnam?

Jedes Land auf dieser Welt hat seine eigenen Traditionen, wenn es ums Essen geht. Für Fremde können einige Speisen auf den ersten Blick komisch oder gar ekelerregend wirken. Was wir für normal erachten, kann für Menschen aus Asien aber ebenso merkwürdig sein.

Doch was essen nun die Menschen in Vietnam? Das vietnamesische Nationalgericht nennt sich hier „Pho". Hierbei handelt es sich um eine gewürzte Suppe, die neben Schweine- oder Rindfleisch auch Reisnudeln sowie Gemüse enthält. Im Grunde kann dieses Gericht zu einer jeden Tageszeit gegessen werden, in Vietnam handelt es sich allerdings um ein typisches Frühstück.

Ebenso beliebt ist in Vietnam das Gericht „Che Chuoi". Hierbei handelt es sich um eine schmackhafte warme Nachspeise. Dieses Dessert schmeckt fruchtig und gleichzeitig süß. Vom Aussehen her sieht dieser Nachtisch wie eine weiße dicke Suppe aus, die zu großen Teilen aus Bananen und Kokosnussmilch besteht.

In Vietnam gibt es aber auch Speisen, die für uns Europäer erst einmal eklig klingen. So essen die Vietnamesen ebenso gerne Ratten und Schlangen. Die Nagetiere werden hier gerne in einer Honigmarinade eingelegt und anschließend in kleinen Stücken serviert. Es ist nicht ersichtlich, von welchem Tier das Fleisch stammt. Viele sagen, dass dieses Fleisch ähnlich wie Hühnchen schmeckt. Auch das Schlangenfleisch wird in diesem Land stückweise serviert. Dieses wird aber meist ohne Beilagen oder Saucen angerichtet. Nur in den sehr edlen Restaurants bekommen die Gäste Schlangenfleisch mariniert und mit Saucen und Beilagen serviert.

Fragen zum Text

1. Worum geht es in diesem Text? Fasse den Inhalt in einem Satz zusammen!

Antwort:

2. Was ist „Che Chuoi"?

Antwort:

3. Woraus besteht das Gericht „Pho"?

Antwort:

4. Welche außergewöhnlichen Gerichte werden gerne in Vietnam serviert? Kreuze   die richtige Antwort an!

- Fledermaus und Bisam
- Ratte und Schlange
- Hunde und Katzen
- Mäuse und Vögel

3. Wie lebt es sich am längsten Fluss auf dieser Welt?

Der längste Fluss, den es auf dieser Erde gibt, ist der Nil. Diesen findest du im Nordosten Afrikas. Der Nil entspringt im Osten Afrikas in den Bergen und erstreckt sich bis nach Ägypten, wo er dann in das Mittelmeer fließt. Mit einer Länge von 6.852 Metern schlängelt sich der Nil hauptsächlich durch die Wüstenlandschaft. Durch das Wasser wachsen hier dann am Ufer zahlreiche verschiedene Pflanzen. Der Nil lässt sich sogar vom Weltall aus sehen. Von dort oben sieht der Nil wie eine lange grüne Schlange aus, die sich durch den Wüstensand schlängelt.

Von den Menschen wird der längste Fluss der Welt auf vielfache Weise genutzt. So finden sich an einigen Stellen Turbinen im Nil, die dafür sorgen, dass es Strom gibt. Sowohl die Tiere als auch die Menschen nutzen das Wasser dieses Flusses außerdem als Trinkwasser und Bauern bewässern mithilfe dieses Flusses ihre Felder. Auch Schiffe fahren auf dem Nil. Schon seit vielen Jahrzehnten werden auf diese Weise Menschen sowie Waren transportiert.

Nach dem 18. Jahrhundert fingen die Menschen zudem an, Dämme zu errichten. Mithilfe dieser konnten sie Wasser sparen und so auch in den Trockenzeiten ihre Felder bewässern. So ist es seither möglich, zweimal im Jahr zu sähen und zu ernten. Mehr Menschen können seitdem ernährt werden und einer Arbeit nachgehen. Demzufolge wuchs die Bevölkerung, die am Nil lebte, enorm an. Inzwischen gibt es einige Großstädte, die sich direkt an diesem Fluss befinden. Außerdem kommen jedes Jahr zahlreiche Urlauber an diesen Fluss, die den Nil dann mit Kreuzfahrtschiffen befahren.

Fragen zum Text

1. Worum geht es in diesem Text? Fasse den Inhalt in einem Satz zusammen!

Antwort:

2. Wofür wird der Nil von den Menschen genutzt? Nenne drei Beispiele!

Antwort:

3. Wie lang ist der Nil?

Antwort:

4. Was bewirken die errichteten Dämme im Nil?

Antwort:

4. Polarlichter sind einfach magisch

Polarlichter erkennst du durch ein Leuchten des Himmels. Vor allem in den Regionen, die sich in der Nähe des Süd- und Nordpols befinden, sind diese besonders gut zu sehen. Gleiches gilt aber ebenso für die südlichsten Punkte Argentiniens und Neuseelands. So können die Polarlichter sowohl grün als auch rot sein. Manchmal leuchten diese aber auch in blauen und violetten Farbtönen. Häufig zeigt sich dann der komplette Himmel in den genannten Farben. Tauchen am eigentlich dunklen Himmel die Polarlichter auf, hat das Ganze etwas Magisches.

Dringt der Sonnenwind in die Atmosphäre ein, entstehen diese Polarlichter. Teilchen aus der Sonne, die elektrisch geladen sind, nennt man hier Polarlichter. Gelangen diese bis zur Erde, bringen diese die Atome in der Luft zum Leuchten. Das Gute daran ist, dass wir die Polarlichter auch mit bloßem Auge sehen können. Es muss halt nur richtig dunkel sein. Die beste Zeit, um diesem Ereignis beizuwohnen, ist daher Mitternacht.

Bevor wir Menschen uns diese magisch wirkenden Polarlichter wissenschaftlich erklären konnten, sahen wir diese als Zeichen der Götter an. Allerdings wurden damals mit diesen Lichtern eher schlechte Dinge verbunden. Inzwischen weiß der Mensch es besser, denn es gibt eine logische Erklärung für dieses Naturschauspiel.

Fragen zum Text

1. Worum geht es in diesem Text? Fasse den Inhalt in einem Satz zusammen!

Antwort:

2. Wo kannst du die Polarlichter am besten sehen?

Antwort:

3. Wie entstehen Polarlichter?

Antwort:

4. Wie erklärten sich die Menschen früher die Polarlichter? Kreuze die richtige Antwort an!

- Bunte Glühwürmchen erleuchten den Himmel.

- Zeichen der Götter

- Bunte Sterne erleuchten den Himmel.

- Teufelswerk

5. Karneval in Rio de Janeiro

Was kann an Karneval in Rio de Janeiro schon besonders sein? Schließlich gibt es diesen doch auch hier in Deutschland! Der Karneval in Rio de Janeiro, also in Brasilien, ist mit unserem Karneval kaum zu vergleichen. Bei der Parade, die durch Rio de Janeiros Straßen zieht, nehmen schließlich alle Sambaschulen der Stadt teil. Beim Samba handelt es sich um den brasilianischen Volkstanz. Wobei die Bezeichnung Sambaschule vielleicht ein wenig falsch ist, denn es handelt sich nicht um Schulen, wo Einheimische diesen Tanz erlernen können. Es sind eher Vereine, die ins Leben gerufen wurden, um am Karneval teilnehmen zu können. All diese Schulen mit ihren Musikern sowie Tänzern sind dann Teil des Karnevals. Hinzu kommen dann noch festlich geschmückte Festwagen.

Zwischen 3.000 und 5.000 Menschen sind in der Regel Mitglieder einer solchen Sambaschule. Jede dieser Schulen besitzt außerdem eine eigene Farbe. Diese Farbe tragen dann auch die Anhänger dieser Schule. Vergleichbar ist dies mit den Fußball-Fans hierzulande. Der komplette Umzug ist außerdem ein einziger Wettbewerb. Am Ende gewinnt hier eine Sambaschule der Stadt. Der Sieger wird stets am Aschermittwoch bekannt gegeben und natürlich groß gefeiert.

Der Karneval in Rio de Janeiro ist eine wichtige Veranstaltung für die Sambaschulen. Für die Zuschauer ist die Parade eine einzig große Party mit bunten Farben, Glitzer und zahlreichen fröhlichen Menschen, die tanzend durch die Straßen ziehen. Vor allem die Tänzer und Tänzerinnen sehen hier wirklich fantastisch aus. Sie tragen kunterbunte kurze und glitzernde Röcke und Hosen, prächtige Federn auf dem Rücken sowie einen gigantischen Kopfschmuck. Das gesamte Outfit ist farblich aufeinander abgestimmt.

Fragen zum Text

1. Worum geht es in diesem Text? Fasse den Inhalt in einem Satz zusammen!

Antwort:

2. Wer nimmt am Karneval in Rio de Janeiro teil?

Antwort:

3. Wie viele Mitglieder hat hier eine Sambaschule? Kreuze die richtige Antwort an!

- Zwischen 3.000 und 5.000

- Zwischen 2.000 und 4.000

- Zwischen 1.000 und 3.000

- Zwischen 4.000 und 6.000

4. Warum ist der Karneval in Rio de Janeiro eine wichtige Veranstaltung für die Sambaschulen?

Antwort:

6. Essen Eisbären Pinguine?

Eisbären sind extrem schnelle Jäger und fressen ausschließlich Fleisch. Pinguine sind hingegen nicht so gut auf den Beinen und watscheln eher langsam durch die Gegend. Außerdem können Pinguine auch nicht fliegen. Beide Tierarten leben aber in den Gebieten auf dieser Erde. Aber warum fressen Eisbären dann keine Pinguine? Die Erklärung dafür ist einfach: Eisbären und Pinguine können sich gar nicht über den Weg laufen, denn Pinguine leben am Südpol und Eisbären am Nordpol.

Hauptsächlich ernähren sich Eisbären von Robben. Beim Jagen dieser Tiere wenden die weißen Bären eine eher fiese Technik an. Im Eis haben Robben stets sogenannte Atemlöcher, während sie im Wasser schwimmen und Fische fangen. Eisbären setzen sich einfach neben diese Atemlöcher und warten darauf, dass eine Robbe auftaucht, um Luft zu holen. Diese Möglichkeit nutzt der Eisbär dann zu seinem Vorteil und fängt sich seine Mahlzeit. Da Eisbären die Robben riechen können, wissen sie immer genau, an welchem Loch sie warten müssen.

Auch wenn die Pinguine am Südpol keine Angst vor Eisbären haben müssen, haben sie dennoch Feinde. Seelöwen, Haie sowie Orcas fressen diese süßen Tiere nur zu gerne. Außerdem gibt es dann noch die Möwen, die die Eier der Pinguine klauen, um die Küken zu verspeisen.

Fragen zum Text

1. Worum geht es in diesem Text? Fasse den Inhalt in einem Satz zusammen!

Antwort:

2. Warum fressen Eisbären keine Pinguine?

Antwort:

3. Wie jagen Eisbären Robben?

Antwort:

4. Welche Feinde haben Pinguine?

Antwort:

7. In Indien feiert man die Kumbh Mela

Eines der größten Feste auf dieser Erde ist die Kumbh Mela. Nicht selten nehmen über 30 Millionen Menschen an dieser Festlichkeit in Indien teil. Es gab sogar schon Jahre, da reisten über 60 Millionen Menschen an, um diese Feier hautnah miterleben zu können.

Bei der Kumbh Mela handelt es sich um das Krugfest, welches alle drei Jahre in Indien stattfindet. Hier treffen sich dann die Hindus, um sich in dem heiligen Fluss, dem Ganges, von allem Schlechten reinzuwaschen. Hindus sind Menschen, die an den Hinduismus glauben. Genauer gesagt handelt es sich hier um eine asiatische Religion, die mit vielen verschiedenen Göttern in Zusammenhang steht.

Insgesamt gibt es vier indische Städte, die stets abwechselnd die Kumbh Mela ausrichten. Dieses besondere Fest dauert stets mehrere Wochen. Millionen von Menschen kommen dann in diese Stadt und ziehen durch die Straßen bis zum Ganges. Dann gehen sie in den Fluss und tauchen gleich mehrmals ins Wasser. Auf diese Weise möchten sie sich von all dem Schlechten reinwaschen. Bei so vielen Menschen herrscht hier dann natürlich ein großes Gedränge am Ganges. Da zahlreiche Menschen extra aus weiter Ferne anreisen, werden für diese Gäste stets große Zeltstädte errichtet. In manchen Jahren waren diese dann größer als London und Paris zusammen.

Fragen zum Text

1. **Worum geht es in diesem Text? Fasse den Inhalt in einem Satz zusammen!**

Antwort:

2. **Warum kommen die Menschen zur Kumbh Mela zusammen?**

Antwort:

3. **Wie oft findet die Kumbh Mela in Indien statt? Kreuze die richtige Antwort an!**

- Alle zwei Jahre
- Alle vier Jahre
- Alle drei Jahre
- Jedes Jahr

4. **Wo waschen sich die Hindus von allem Schlechten rein?**

Antwort:

8. Das chinesische Laternenfest

In Shanghai feiern die Menschen das chinesische Laternenfest. Das Frühlingsfest in China endet stets am 15. Tag des neuen Jahres. Dies ist immer eine Vollmondnacht. Genau an diesem Tag feiert man dann in Shanghai das Laternenfest.

Alle Straßen werden zuvor mit Laternen geschmückt. Die Kinder ziehen dann mit Laternen in der Hand durch die Straßen, ähnlich wie hierzulande beim Martinsumzug. Traditionell verbringen Freunde und Familie diesen Tag dann zusammen. Süße Reisbällchen stehen dann meist auf einem jedem Speiseplan. Der süße und klebrige Reis soll den Zusammenhalt in den Familien widerspiegeln, denn dieser klebt genauso zusammen wie der Reis.

Die Laternen, die man an diesem besonderen Tag überall zu sehen bekommt, besitzen alle ein anderes Aussehen. Es gibt verschiedene Muster, Formen sowie Farben. Viele dieser Laternen ähneln dann Fabelwesen, Pflanzen oder Tieren, die in der chinesischen Kultur eine bedeutende Rolle spielen. Du hast doch bestimmt schon einmal einen chinesischen Drachen gesehen, oder? In der Regel werden die Laternen aus Papier, Perlmutt, Holz sowie aus Pergament gebastelt. Zudem finden an diesem Tag überall im Land Laternenausstellungen statt. Ein bedeutender Teil dieser Ausstellung ist ebenso das Rätselraten. Häufig enthalten die Bilder, die auf den Laternen zu sehen sind, bereits kleine Bilderrätsel. Wer des Rätsels Lösung kennt, bekommt dann ein kleines Präsent.

Fragen zum Text

1. Worum geht es in diesem Text? Fasse den Inhalt in einem Satz zusammen!

Antwort:

2. Welchem Fest hierzulande ähnelt das Laternenfest in China? Kreuze die richtige   Antwort an!

- Martinsumzug
- Weihnachten
- Karneval
- Stephanus Steinigung

3. Was ist das Besondere auf den Laternen?

Antwort:

4. Warum befinden sich auf den Laternen Fabelwesen, Tiere und Pflanzen?

Antwort:

9. Lachen ist untersagt

Überall auf der Welt kennt man die königliche Garde Englands. Vor allem die Haltung sorgt hierzulande gerne für Gesprächsstoff. So hat die königliche Garde eine ganz spezielle Uniform. So tragen sie stets eine leuchtend rote Jacke mit goldenen Knöpfen, eine schwarze Hose sowie eine ebenfalls schwarze Bärenfellmütze, die auf der linken Seite mit weißen Federn versehen ist.

Bewacht die königliche Garde den Buckingham Palace, ist es ihnen verboten zu sprechen, sich zu bewegen oder gar zu lachen. Der Buckingham Palace ist der königliche Palast, in dem jetzt King Charles über England regiert. Bis vor Kurzem war es noch Queen Elizabeth. Die königliche Garde steht also mit ausdruckslosem Gesicht vor dem Palast und schaut stetig geradeaus. Touristen machen sich gerne einen Spaß daraus und versuchen, die Garde zum Lachen zu bringen. Durchaus ist es schon passiert, dass einer sein Pokerface nicht mehr zur Schau stellen konnte und sich tatsächlich zu einem Grinsen hinreißen lassen hat.

Einer solchen Wache sollte aber niemand zu nahe kommen oder diese gar anfassen. Schließlich handelt es sich bei der königlichen Garde um ausgebildete Wachmänner, die sich bei Gefahr bewegen dürfen und sogar müssen. Aus Spaß kann dann schnell Ernst werden.

Fragen zum Text

1. Worum geht es in diesem Text? Fasse den Inhalt in einem Satz zusammen!

Antwort:

2. Wie sieht die Uniform der königlichen Garde Englands aus?

Antwort:

3. Was bewacht die königliche Garde?

Antwort:

4. Welchen Spaß erlauben sich viele Touristen in England nur zu gerne?

Antwort:

10. Wer war Martin Luther?

Um 1500 lebte Martin Luther hier in Deutschland. Er studierte zuerst und wurde dann ein Mönch. Nach zwei Jahren wurde er Priester und zu einem späteren Zeitpunkt war er sogar Professor des Augustinerordens. Während einer Reise nach Rom, die heutige Hauptstadt Italiens, zeigte er sich schockiert über den unchristlichen Lebenswandel der Mönche, die hier im Vatikan lebten. Vor allem nVerkauf von Ablassbriefen empfand Martin Luther als sehr störend. Mit dem Kauf eines solchen Briefes kauften sich die Menschen damals von ihren Sünden frei.

Als Martin Luther zurück nach Deutschland kam,
verfasste er zuerst 95 Behauptungen über den
Glauben. An der Kirchentür von Wittenberg
hängte er diese 95 Thesen am 31. Oktober
1517 auf. Auf diese Weise wollte Martin Luther
die Kirche reformieren. Diese Bezeichnung
bedeutet nichts anderes als „verändern". In den
nächsten Jahren lebte Martin Luther dann
versteckt, denn wegen seiner Meinung verfolgte
man ihn. In dieser Zeit blieb er aber nicht
tatenlos, denn er übersetzte die Bibel in
deutscher Sprache. So konnte sie von nun an
jeder lesen und verstehen.

Da damals aber nicht jeder mit dieser
Vorgehensweise einverstanden war, spaltete sich
die Kirche. Seitdem gibt es die katholische sowie
die evangelische-lutherische Kirche. Aus diesem
Grund wird Martin Luther auch als Reformator
bezeichnet. Evangelische Christen feiern daher
auch am 31. Oktober den Reformationstag.

Später heiratete Martin Luther eine ehemalige
Nonne und bekam mit ihr insgesamt sechs
Kinder. Weiterhin lehrte er die Menschen, dass
nur allein der Glaube an Gottes Güte nach dem
Tod in den Himmel führt.

Fragen zum Text

1. Worum geht es in diesem Text? Fasse den Inhalt in einem Satz zusammen!

Antwort:

2. Was schockierte Martin Luther auf seiner Reise nach Rom?

Antwort:

3. Wie viele Thesen verfasste Martin Luther am 31. Oktober 1517? Kreuze die richtige Anzahl an!

- 85 Thesen
- 90 Thesen
- 95 Thesen
- 75 Thesen

4. Was tat Martin Luther, während er sich versteckte?

Antwort:

TEXTE IM BEREICH RUND UM DIE WELT (4. KLASSE)

1. Das Leben auf Hawaii

Hast du schon einmal etwas von der wunderschönen Insel Hawaii gelesen oder gehört? Wahrscheinlich handelte es sich dabei um traumhafte Strände, tanzende Hula-Mädchen und großartige Surfer. Nicht selten wird Hawaii auch aus diesem Grund als wahres Paradies bezeichnet.

So gehört Hawaii zu den Vereinigten Staaten von Amerika. Insgesamt zählen 130 Inseln zu Hawaii. Lediglich acht Inseln sind allerdings erschlossen. Es handelt sich um die größten. Es gibt auf diesen Inseln lange traumhafte Sandstrände, subtropische Regenwälder sowie Vulkane. Hier findet man außerdem Tier- und Pflanzenarten, die es sonst nirgendwo auf der Erde gibt. Auf diesen acht hawaiianischen Inseln leben insgesamt circa 1,4 Millionen Menschen.

Ein Großteil dieser hier lebenden Menschen lebt zudem davon, dass Touristen auf diese Inseln kommen. Sie verdienen ihr Geld mit Taxifahren, in der Hotelbranche, in Restaurants und Ähnlichem. Rund sieben Millionen Urlauber besuchen jedes Jahr Hawaii.

Sowohl Hawaiianisch als auch Englisch wird auf Hawaii gesprochen. Wobei man hier immer öfter Englisch hört, weshalb die Muttersprache Hawaiianisch vom Aussterben bedroht ist. Bevor Hawaii von den Amerikanern übernommen wurde, gehörten die Inseln zu Polynesien. Die Traditionen der Hawaiianer hingegen gerieten dabei immer mehr in Vergessenheit. Dennoch gibt es noch ein paar Einheimische, die an ihren Bräuchen festhalten. Zu den berühmtesten gehören wohl die bunten Blumenkränze, der hawaiianische Hula-Tanz, die Ukulele sowie die Surfkultur.

In der Regel sind die Hawaiianer ein freundliches und kontaktfreudiges Volk. Es ist ganz leicht, mit ihnen ins Gespräch zu kommen. Neben den Ureinwohnern leben auf Hawaii aber auch viele Menschen aus aller Herren Ländern dieser Welt. Kaum verwunderlich, denn wer lebt nicht gerne in einem solchen Paradies?

Fragen zum Text

1. Worum geht es in diesem Text? Fasse den Inhalt in einem Satz zusammen!

Antwort:

2. Wie viele Inseln gehören zu Hawaii und wie viele davon sind erschlossen?

Antwort:

3. Welche Bräuche Hawaiis sind noch heute bekannt?

Antwort:

4. Welche Sprachen werden auf Hawaii gesprochen? Kreuze die richtigen
    Antworten an!

- Polynesisch

- Hawaiianisch

- Englisch

- Französisch

2. Australien – Das Land am anderen Ende der Welt

Die Ureinwohner, die in Australien leben, nennt man
Aborigines. In früheren Zeiten wurden diese
Menschen sehr schlecht behandelt. Heute gibt es von
ihnen nur noch wenige hunderttausend. Der Großteil
dieses Landes besteht aus Wüste. In diesen Gebieten
leben nur wenige Menschen. In den Sommermonaten
kann es hier bis zu 50 Grad Celsius heiß werden. Die
Nächte hingegen können auch in Australien eisig kalt
werden. Aus diesem Grund gibt es im Süden
Menschen, die in unterirdischen Wohnungen leben.

Die meisten Australier leben im Osten und Westen des Landes. Hier herrschen
gemäßigte Temperaturen und es gibt jede Menge Weideland sowie üppige Wälder.
Eines der bedeutendsten Naturwunder dieser Erde findet man außerdem an
Australiens Küste. Hier befindet sich das größte Korallenriff der Welt. Am 2.300
Kilometer langen Strand liegt eine einzigartige Unterwasserwelt. Diese heißt Great
Barrier Reef.

Da Australien zu anderen Ländern keinerlei Landverbindung besitzt, leben hier Tiere,
die es sonst nirgendwo auf der Welt in der freien Natur gibt. Wombats, Kängurus,
Koalas, Emus, Schnabeltiere sowie Ameisenigel genießen hier noch ein Leben in freier
Wildbahn. In Australien gibt es viele Menschen, die zudem Schafe züchten. Vor allem
im Inneren des Landes finden sich riesige Schaf-Farmen. So mancher baut hier aber
auch erfolgreich Wein an.

Fragen zum Text

1. Worum geht es in diesem Text? Fasse den Inhalt in einem Satz zusammen!

Antwort:

2. Wie heiß kann es im Sommer in Australien werden? Kreuze die richtige
    Antwort an!

- 40 Grad Celsius

- 60 Grad Celsius

- 50 Grad Celsius

- 55 Grad Celsius

3. Wie heißt das größte Korallenriff der Welt?

Antwort:

4. Was tat Martin Luther, während er sich versteckte?

Antwort:

3. Die drei schönsten Sehenswürdigkeiten in Paris

Paris ist die Hauptstadt von Frankreich und wird auch die Stadt der Liebe genannt. Wir stellen dir hier die drei schönsten Sehenswürdigkeiten dieser tollen Stadt vor. Diese Reise startet natürlich am Eiffelturm, denn hierbei handelt es sich um das Wahrzeichen von Paris. So besteht dieses imposante Bauwerk aus purem Stahl und misst eine Höhe von 324 Metern. Vor dem Eiffelturm findet sich eine große Wiese, die Champ de Mars. Hier herrscht stets jede Menge Trubel. Vor allem bei schönem Wetter genießen hier immer viele Menschen die Aussicht.

Der Eiffelturm verfügt über insgesamt drei Stockwerke. Bis zur zweiten Etage gilt es, 720 Stufen zu erklimmen. Wer bis hinauf an die Spitze des Eiffelturms möchte, muss 1.665 Stufen meistern. Wobei es hier aber auch Aufzüge gibt, die die Besichtigung um einiges leichter gestalten. Sowohl der Besuch des Eiffelturms als auch die Nutzung der Aufzüge ist aber nicht kostenlos. Ein jeder Besucher muss für dieses Erlebnis zahlen.

Neben dem Eiffelturm gibt es in Paris außerdem das größte Museum dieser Erde, den Louvre. Laut eines Reiseführers bräuchte man insgesamt vier Tage, um alle Kunstwerke im Louvre sehen zu können, wobei schon das Museum selbst als Kunstwerk bezeichnet werden kann. Der große Palast mit der Glaspyramide und den ganzen Verzierungen ist schon recht atemberaubend. Im Louvre selbst findet sich außerdem eines der bekanntesten Gemälde unserer Zeit: die Mona Lisa!

Auch die Katakomben zählen zu den Sehenswürdigkeiten dieser Stadt. Diese eignen sich allerdings nicht für schwache Nerven. Unter Paris gibt es seit dem 12. Jahrhundert unterirdische Stollennetze sowie Steinbrüche, die bis zu 35 Meter tief liegen können. Durch den damaligen Abbau von Gips, Ton und Stein entstanden diese. So steht die Stadt der Liebe auf einem unterirdischen Labyrinth, welches 300 Kilometer lang ist.

Fragen zum Text

1. Worum geht es in diesem Text? Fasse den Inhalt in einem Satz zusammen!

Antwort:

2. Welche drei Sehenswürdigkeiten werden hier beschrieben?

Antwort:

3. Wie viele Stufen gilt es, bis zur Eiffelturmspitze zu erklimmen?

Antwort:

4. Was sind die Katakomben?

Antwort:

4. Ägyptens Pyramiden

Auch du hast bestimmt schon einmal die Pyramiden von Gizeh gesehen. Vielleicht warst du schon einmal mit deinen Eltern in Ägypten Urlaub machen, denn viele Touristen zieht es in den Ferien in dieses Land.

Die Pyramiden von Gizeh sind die letzten Pyramiden, die es aus dem Alten Ägypten noch gibt. Hierbei handelt es sich um die Grabstätten der damaligen Pharaonen. So nannte man im Alten Ägypten die Könige. Inzwischen gehören die Pyramiden von Gizeh zu den Sieben Weltwundern.

Eine jede der drei Pyramiden besitzt zudem ihren Namen von einem Pharao, denn in jeder liegt einer von ihnen begraben. Die Grabkammern sind allerdings leer, denn diese wurden bereits vor vielen Jahren geplündert. Bei den Grabbeigaben handelte es sich um pures Gold. Zurück blieben lediglich die Särge aus Stein, welche man Sarkophage nennt.

Die Pyramiden sind extrem alt. Vor circa 4.500 Jahren wurden diese bereits gebaut. Dass sie noch so gut erhalten sind, verdanken sie der stabilen Bauweise, welche überwiegend aus Stein besteht. In weißen polierten Kalkstein sind die Pyramiden von außen gehüllt. Das Besondere an den riesigen Pyramiden ist allerdings, dass diese damals ganz ohne Tierkraft oder Maschinen gebaut wurden. Schließlich gab es im Alten Ägypten noch keine Bagger, Kräne oder Ähnliches. Allein mit Menschenkraft wurden diese errichtet.

Wie genau die Pyramiden damals errichtet wurden, weiß aber niemand so ganz genau. Experten haben in dieser Hinsicht bereits viele Vermutungen angestellt. Unter anderem glauben die heutigen Wissenschaftler, dass die Menschen damals große Rampen aus Sand genutzt haben, da sich der Steinbruch in der Nähe der Pyramiden befindet. Aber ganz egal, wie diese Pyramiden in der damaligen Zeit errichtet wurden, es war eine grandiose Leistung

Fragen zum Text

1. Worum geht es in diesem Text? Fasse den Inhalt in einem Satz zusammen!

Antwort:

2. Was sind Pyramiden genau?

Antwort:

3. Was ist das Besondere an den Pyramiden von Gizeh?

Antwort:

4. Was befindet sich heute noch in den Pyramiden?

Antwort:

5. Machu Picchu – Die geheimnisvolle Inkastadt

In Peru findet sich die Stadt Machu Picchu. Sie liegt
ungefähr 2.400 Meter hoch. Über 400 Jahre lang war
Machu Picchu eine verborgene Stadt. Erst 1911
entdeckte man diese. Verborgen vom Dschungel war
es kaum verwunderlich, dass diese Ruinen so lange
von niemandem gefunden wurden. Die Überbleibsel
dieser Stadt sowie die Natur um Machu Picchu
gehören seit 1983 zum Weltkulturerbe. Das bedeutet,
dass Machu Picchu geschützt ist und gepflegt wird,
denn diese Ruine gilt als sehr wertvoll. Mithilfe dieser
Ruinen war es den Experten möglich, mehr über die
Inkakultur zu erfahren. Flächenmäßig gehörte den
Inkas damals das größte Reich der Welt. Die Inkas
beteten den Sonnengott an und waren sehr
naturverbunden.

Forscher der Yale Universität entdeckten die verborgene Stadt, wobei es vorher schon
einige Wissenschaftler gab, die nach Machu Picchu suchten. Die Inkas nutzten diese
Stadt früher als Rückzugsort. Laut der Erzählungen soll sich hier auch ein kostbarer
Inkaschatz versteckt halten. Die Experten fanden außerdem heraus, dass Machu Picchu
im Jahr 1420 errichtet wurde. Ein Jahrhundert später wurde die Stadt allerdings von
den Inkas wieder aufgegeben.

Der komplette Komplex der Ruinen ist 800 bis 1.000 Meter lang und circa 500 Meter
breit. Bis heute haben die Forscher nicht herausgefunden, welche Funktionen die
einzelnen Bauten hatten. Lediglich, dass der Haupttempel dem Sonnengott geweiht
war, ist bekannt. Am höchsten Punkt der Stadt steht zudem ein Sonnenstein. Mit einer
Höhe von 1,80 Meter diente dieser der Berechnung des Kalenders und half bei der
Bestimmung der Regenzeit. Des Weiteren war es den Inkas so möglich, die Tageszeit,
die Planetenbahnen sowie die Sternenbilder zu bestimmen. Somit war der Sonnenstein
eine Art Sonnenuhr und Sonnenobservatorium.

Fragen zum Text

   1. Worum geht es in diesem Text? Fasse den Inhalt in einem Satz zusammen!

Antwort:

   2. Wann entdeckte man die verborgene Stadt? Kreuze die richtige Antwort an!

- 1983
- 1911
- 1420
- 1520

   3. Wozu gehört Machu Picchu heute?

Antwort:

   4. Wozu diente der Sonnenstein?

Antwort:

6. Das Tote Meer

Entgegen seinem Namen ist das Tote Meer kein Meer, sondern ein See. Gelegen im Nahen Osten grenzt dieser an Jordanien, Westjordanland sowie an Israel.

Aus genau zwei Gründen ist dieser See weltbekannt: Zum einen liegt das Tote Meer sehr tief. Genauer gesagt circa 420 Meter unter dem Meeresspiegel. Zum anderen ist in dem Wasser so viel Salz zu finden, dass weder Pflanzen noch Tiere in ihm leben können. Letzteres erklärt dann auch den Namen dieses besonderen Sees.

Aber es gibt noch einen weiteren Grund, warum jährlich über drei Millionen Menschen zu diesem See kommen. Da der Salzanteil im Toten Meer so extrem hoch ist, kann hier kein Mensch liegend untergehen. Ganz ohne dass man sich bewegt, bleibt man in diesem See über Wasser. Fragst du dich jetzt, wie hoch der Salzgehalt im Toten Meer ist? Die Antwort lautet 35 %. Das heißt, ein Drittel des Wassers in diesem See besteht aus Salz.

Durch das viele Salz ist das Wasser in diesem See sehr schwer. Experten sprechen in diesem Fall von der spezifischen Dichte. Ist das Wasser zudem so schwer, ist der Körper eines Menschen vergleichsweise leicht. Aus diesem Grund treibt ein Mensch im Toten Meer auch auf dem Wasser und kann nicht untergehen.

Das enthaltene Salz in diesem See bringt aber auch Gefahren mit sich. So sollte kein Mensch dieses Wasser trinken. Falls man dennoch versehentlich einen Schluck davon nimmt, sollte man dieses am besten unverzüglich wieder erbrechen. Ansonsten kann es schnell passieren, dass man krank wird.

Fragen zum Text

1. Worum geht es in diesem Text? Fasse den Inhalt in einem Satz zusammen!

Antwort:

2. Wie tief unter dem Meeresspiegel liegt dieser See? Kreuze die richtige Antwort an!

- 320 Meter
- 420 Meter
- 520 Meter
- 350 Meter

3. Warum heißt dieser See Totes Meer?

Antwort:

4. Wie nennen Experten den hohen Salzgehalt in diesem See?

Antwort:

7. Halloween

Halloween wird bekanntlich am 31. Oktober gefeiert.
Vor allem Kinder lieben dieses Fest und du liebst es
bestimmt auch. Früher war es so, dass die Kelten in
England dieses Fest feierten, um die Toten zu ehren.
Da sie früher einen anderen Kalender besaßen als wir
heute, war der 31. Oktober bei den Kelten der letzte
Tag des Jahres. Zudem glaubten sie, dass die Seelen der
Verstorbenen zurück auf die Erde kommen. Aus
diesem Grund stellten sie am Rand ihrer Wege
Feuerschalen auf, die die Geister nach Hause geleiten
sollten.

Doch es gab in den Augen der Kelten nicht nur gute, sondern auch böse Geister, die
friedliche Menschen in Angst und Schrecken versetzten. Jahrhunderte später, als das
Christentum ins Land zog, ernannte der Papst dann den 1. November zum christlichen
Feiertag: Allerheiligen. Kurzerhand wurde das alte Fest der Kelten am 31. Oktober
zum „All Hallows Evening" ernannt. Das Fest am Vorabend zu Allerheiligen. Etwas
später wurde das Ganze dann umbenannt in Halloween.

Damals wie heute ist der Kürbis das Symbol für Halloween. Dieser wird ausgehöhlt,
ein Gesicht hineingeschnitzt und mit einer Kerze zum Leuchten gebracht. Kinder, die
sich dann gruselig verkleiden, ziehen am Abend von Haus zu Haus und rufen dabei:
„Süßes, sonst gibt's Saures!" Dafür bekommen sie dann leckere Süßigkeiten. Wer seine
Tür nicht öffnet, muss damit rechnen, mit einem Streich „bestraft" zu werden.

Fragen zum Text

1. Worum geht es in diesem Text? Fasse den Inhalt in einem Satz zusammen!

Antwort:

2. Warum feierten die Kelten früher am 31. Oktober Halloween?

Antwort:

3. Welches Symbol steht für Halloween?

Antwort:

4. Was passiert, wenn man an Halloween nicht die Tür öffnet?

Antwort:

8. Vulkane – Die gigantischen Feuerspucker

Von aktiven Vulkanen geht stets eine Gefahr aus, denn diese können jederzeit
ausbrechen. Aus dem Erdinneren wird das Magma dann als Lava herausgeschleudert.
Die Lavamasse fließt dann den Berg herunter. Menschen sowie Tiere, die sich nun in
der Nähe dieses Vulkans befinden, müssen sich jetzt beeilen und in Sicherheit bringen.
Trotzdem sterben bei solchen Vulkanausbrüchen immer Tiere und sogar Menschen.

Handelt es sich hingegen um einen ruhenden Vulkan, kommt es zu keinem Ausbruch. Und das, obwohl es im Inneren des Vulkans immer noch Gase sowie heißes Magma gibt. Der letzte Ausbruch eines Vulkans kann bereits Jahrtausende zurückliegen, dennoch ist dieser noch lange nicht erkaltet. Zudem kann auch ein ruhender Vulkan plötzlich wieder gefährlich werden, denn er kann jederzeit doch wieder ausbrechen.

Ist ein Vulkan mehr als 10.000 Jahre lang nicht mehr ausgebrochen, bezeichnet man diesen als erloschen. Ein Ausbruch ist jetzt kaum mehr zu erwarten. Da nun auch kein neues Gestein mehr an die Oberfläche kommt, nimmt der Vulkan auch nicht mehr an Umfang oder Höhe zu. Ganz im Gegenteil, durch Wind, Regen, Schnee und Eis wird dieser sogar abgetragen und schrumpft somit mit der Zeit. Sträucher, Bäume und Blumen wachsen dann wieder auf und um den Vulkan.

Fragen zum Text

   1. Worum geht es in diesem Text? Fasse den Inhalt in einem Satz zusammen!

Antwort:

   2. Wie nennt man das Magma, das aus einem Vulkan hinausgeschleudert wird?

Antwort:

   3. Was ist so gefährlich an einem ruhenden Vulkan?

Antwort:

   4. Wann gilt ein Vulkan als erloschen?

Antwort:

9. Warum feiert man in den USA Thanksgiving?

Es gibt gleich mehrere Versionen, wenn es um den geschichtlichen Hintergrund von Thanksgiving geht. Einer der bekanntesten Gründe findet sich bei den Pilgervätern, die im Jahr 1620 in die USA übersiedelten. Aufgrund eines extrem harten Winters starb die Hälfte der Pilger. Die benachbarten Wampanoag-Ureinwohner versorgten diese dann mit Nahrung. Zudem brachten sie den Pilgervätern bei, wie man einheimische Pflanzenarten richtig anbaute. Durch die anschließende reiche Ernte konnten die Siedler dann doch überleben und veranstalteten aus lauter Dankbarkeit das erste Thanksgiving-Fest.

So ist Thanksgiving mit dem Erntedankfest in Deutschland vergleichbar. Allerdings besitzt Thanksgiving in den USA einen weitaus größeren Stellenwert als das Erntedankfest hierzulande. So ist dieser Feiertag in manchen Regionen Amerikas sogar wichtiger als Weihnachten. Jedes Jahr am vierten Donnerstag im November feiern die Amerikaner somit Thanksgiving.

Ganz unabhängig von der Konfession und der Herkunft wird Thanksgiving in sämtlichen gesellschaftlichen Kreisen der USA gefeiert. Die Dankbarkeit sowie das Zusammensein mit der Familie und Freunden stehen hier stets an erster Stelle. So gehört es zu den Traditionen, sich im Kreis seiner Lieben darauf zu besinnen, wie gut es einem doch geht. Im Vordergrund steht daher immer ein üppiges Festessen und in den meisten Fällen wird ein Dankgebet gesprochen. Meist ziert dann ein großer, schmackhaft gefüllter Truthahn die Festtafel. Dieser wird dann mit allerlei Beilagen genussvoll verspeist.

Fragen zum Text

1. Worum geht es in diesem Text? Fasse den Inhalt in einem Satz zusammen!

Antwort:

2. Welcher bekannteste geschichtliche Hintergrund steckt hinter diesem amerikanischen Feiertag?

Antwort:

3. Mit welchem Fest ist Thanksgiving hierzulande vergleichbar? Kreuze die richtige Antwort an!

- Weihnachten

- Ostern

- Erntedankfest

- Allerheiligen

4. Welche Traditionen gehören zu Thanksgiving?

Antwort:

10. Im Ramadan ist Fastenzeit

Gläubige Muslime und Musliminnen fasten im
Ramadan. In dieser Zeit essen und trinken sie von
Sonnenaufgang bis Sonnenuntergang nichts. Und
das ganze 29 Tage lang. Im islamischen Kalender
ist Ramadan im neunten Monat. Jedes Jahr
verschiebt sich dieses besondere Datum um zwei
Wochen. Viele muslimische Familien haben in
dieser Zeit einen besonderen Tagesablauf. Da von
Sonnenaufgang bis Sonnenuntergang weder was
gegessen noch getrunken werden darf, stehen sie
früh auf, um ein reichhaltiges Frühstück genießen
zu können. Am Abend, wenn die Sonne dann
endlich untergegangen ist, trifft sich die Familie
wieder an einem reichlich gedeckten Tisch, um
den knurrenden Magen zu füllen.

Muslime und Musliminnen sehen das Fasten als heilige Pflicht an. In dieser Zeit wird
besonders viel gebetet. Es gilt, dem Gott Allah nahe zu sein und sich zu besinnen. So
denken sie über ihr Leben und ihr Verhalten nach. Indem sie tagsüber nichts essen und
trinken, machen sie sich bewusst, dass es nicht selbstverständlich ist, stets genug Essen
und Trinken zu haben. In diesen besonderen 29 Tagen gibt es außerdem besondere
Regeln. Es gilt unter anderem, gute Taten zu vollbringen und besonders nett
zueinander zu sein.

Der Ramadan endet stets mit einem großen Fest mit besonders schmackhaftem Essen.
In der Türkei feiert man dann das sogenannte Zuckerfest. Alle Kinder bekommen an
diesem Tag viele leckere Süßigkeiten.

Fragen zum Text

   1. Worum geht es in diesem Text? Fasse den Inhalt in einem Satz zusammen!

Antwort:

   2. Was feiern die Muslime und Musliminnen am Ende des Ramadans?

Antwort:

   3. Wie lange ist Ramadan? Kreuze die richtige Antwort an!

- 39 Tage

- 49 Tage

- 29 Tage

- 19 Tage

   4. Welche Regeln gelten im Ramadan?

Antwort:

TEXTE IM BEREICH UNNÜTZES WISSEN / FAKTEN FÜR DIE KIDS
(3. KLASSE)

1. Wie viele Seiten hat eigentlich das Internet?

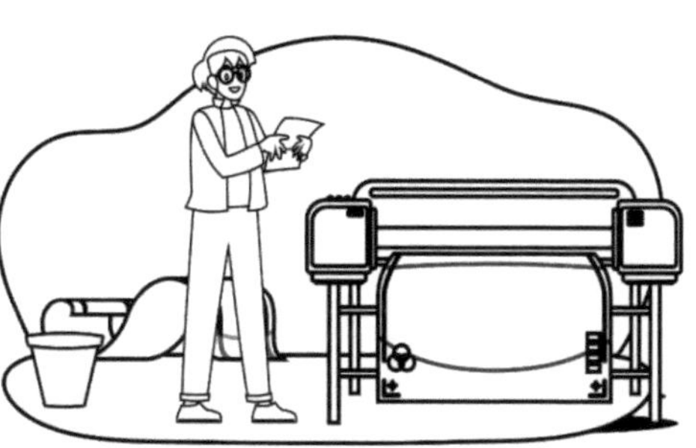

Würde man sämtliche Seiten des Internets lediglich einmal ausdrucken, bräuchte man ungefähr 136 Milliarden DIN-A4-Blätter. Wobei diese Berechnung schon einige Zeit zurückliegt. Zwei Forscher der Universität Leicester in England, George Harwood und Evangelike Walker, haben sich die Mühe gemacht und diese gezählt sowie berechnet. Somit gehen diese beiden Experten davon aus, dass es ungefähr 4,54 Milliarden Internetseiten gibt. Jede dieser passt im Schnitt auf 30 Blätter. Wie die beiden allerdings genau auf dieses Ergebnis gekommen sind, ist leider unbekannt.

Gehen wir einmal davon aus, dass diese Experten mit ihrer Berechnung recht haben, bedeutet das folgendes:

136 Milliarden Blätter entsprechen insgesamt 16 Millionen Bäumen. Das wären 0,002 Prozent des Regenwaldes im Amazonas. Würde man all die Seiten dann aufeinanderlegen, wäre der Stapel dann 13,6 Kilometer hoch.

Fragen zum Text

    1. Worum geht es in diesem Text? Fasse den Inhalt in einem Satz zusammen!

Antwort:

    2. Wer hat die Seiten des Internets berechnet und gezählt?

Antwort:

    3. Wie viele Seiten hat das Internet?

Antwort:

    4. Wie hoch wäre der Stapel, wenn man all diese Seiten aufeinanderlegen würde? Kreuze die richtige Antwort an!

- 13,6 Meter
- 13,6 Kilometer
- 13,6 Zentimeter
- 13,6 Millimeter

2. Schmatzen oder doch lieber schlürfen?

Wie esst ihr zu Hause eure Suppe? Dürft ihr sie schlürfen? Darfst du deine Lieblingspizza schmatzend essen oder gilt es, diese mit geschlossenem Mund zu essen? Höchstwahrscheinlich möchten auch deine Eltern nicht, dass du schmatzt oder schlürfst beim Essen, denn dies zeugt schließlich nicht gerade von einem guten Benehmen.

Auf der Welt finden sich aber durchaus Kulturen, wo das Schmatzen zum Essen einfach dazugehört. Doch was steckt hinter dem Schlürfen und Schmatzen beim Essen? Aus welchem Grund finden es manche Menschen ganz normal, so zu essen?

Wenn wir Menschen beim Essen schmatzen oder schlürfen, bekommen wir viel mehr Duft von dem guten Essen in unsere Nase. Bekanntlich sind Geruchs- sowie Geschmackssinn eng miteinander verbunden. Wer also schmatzt oder schlürft, während er isst, der schmeckt sein Essen durch den Geruch noch viel intensiver. Aus diesem Grund gibt es zahlreiche Menschen, die glauben, dass man sein Essen noch viel mehr genießt, wenn man schmatzt oder schlürft.

Bestimmt haben deine Eltern schon einmal zu dir gesagt, dass du dir die Nase zuhalten sollst, wenn du eine eklige Medizin einnehmen musst. Durch das Nase-Zuhalten schmeckt man weniger.

Fragen zum Text

    1. Worum geht es in diesem Text? Fasse den Inhalt in einem Satz zusammen!

Antwort:

    2. Welche Sinne sind eng miteinander verbunden?

Antwort:

    3. Warum sollte man sein Essen besser schmatzend oder schlürfend genießen?

Antwort:

    4. Was soll man tun, wenn man etwas essen oder trinken soll, was nicht gut schmeckt?

Antwort:

3. Warum ist Pupsen gesund?

Pupse können ganz unterschiedlich sein.
Manche sind laut, andere leise. Einige
Pupse riechen zudem sehr streng und
andere scheinen lediglich aus warmer Luft
zu bestehen. Die meisten Menschen finden
es sehr peinlich, wenn sie pupsen müssen
und diese jemand hört oder riecht.

Experten haben allerdings schon vor langer
Zeit herausgefunden, dass Pupsen sogar
gesund ist. So entstehen diese zum Beispiel
beim Essen, indem man viel Luft mit der
Nahrungsaufnahme aufnimmt. Aber auch
Gase, die unser Darm herstellt, führen
zum Pupsen. Diese Pupse entstehen durch
die Weiterverarbeitung des Essens. Das
hat dann Blähungen und Pupsen zur Folge.
Pupsen ist also ein Zeichen dafür, dass
deine Verdauung im Körper gut
funktioniert.

Circa 20-mal pupst jeder Mensch täglich. In der Regel riecht man diese nicht. Je
nachdem, was du allerdings jeden Tag so isst, können sich diese Pupse auch verändern,
sodass einige dann doch übel riechen. Der schlechte Geruch ist aber nicht schlimm.
Meist ist es sogar das überaus gesunde Essen, das dafür sorgt, dass die Pupse übel
riechen.

Fest steht, niemand sollte seine Pupse unterdrücken. Diese Vorgehensweise kann
Bauchschmerzen erzeugen. Lass die Luft also raus, wenn sie raus will!

Fragen zum Text

1. Worum geht es in diesem Text? Fasse den Inhalt in einem Satz zusammen!

Antwort:

2. Wie entstehen Pupse?

Antwort:

3. Was sagt das Pupsen über deinen Körper aus?

Antwort:

4. Wie oft pupst ein Mensch pro Tag ungefähr? Kreuze die richtige Antwort an!

- 30-mal
- 40-mal
- 10-mal
- 20-mal

4. Wozu brauchst du deinen großen Zeh?

Rund 75 % deiner Zeit berühren deine Zehen den Boden. Besonders bedeutend ist dies beim großen Zeh. Warum das so ist? Ganz einfach, sobald der große Zeh den Boden berührt, ist das das Signal für dein Gehirn, dass du dich im Gleichgewicht befindest. Hebt man den Zeh beim Laufen vom Boden ab, hilft dieser dir dabei, deine Schritte abzufedern. Zudem gehört der große Zeh zur Hauptantriebskraft deiner Füße.

Würden deine Füße keinen großen Zeh haben, wäre es ein Leichtes, dich aus dem Gleichgewicht zu bringen. Aus diesem Grund ist der große Zeh der wichtigste von allen. Hinzu kommt, dass dieser auch die größte Last von allen trägt. Nur mithilfe des großen Zehs ist es dem Menschen möglich, aufrecht zu gehen.

Allerdings spielt auch die Haltung deiner Füße eine bedeutende Rolle. Wie gut sowie gleichmäßig dein Gewicht verteilt ist, hängt stets von deiner Fußhaltung ab. Wer eine schlechte Fußhaltung besitzt, kann unter Rückenschmerzen und anderen gesundheitlichen Problemen leiden.

Außerdem ist Stehen um einiges anstrengender als Gehen. Das liegt daran, dass beim Stehen nur wenige Muskeln beansprucht werden. Beim Gehen hingegen ist das Ganze auf verschiedene Muskeln verteilt, sodass es weniger anstrengend ist.

Fragen zum Text

1. Worum geht es in diesem Text? Fasse den Inhalt in einem Satz zusammen!

Antwort:

2. Warum ist der Zeh so wichtig? Kreuze die richtige Antwort an!

- Hilft, die Schritte abzufedern.
- Trägt die kleinste Last von allen.
- Hält den Körper im Gleichgewicht.
- Ist die Hauptantriebskraft der Füße.

3. Wozu führt eine schlechte Fußhaltung?

Antwort:

4. Wie viel Zeit verbringt der große Zeh auf dem Boden?

Antwort:

5. Zeitverschwendung oder nicht?

Es gibt zahlreiche Dinge, die wir jeden Tag aufs Neue machen. Einige davon erledigen wir bewusst, andere eher unbewusst. Sieh auch du dir einmal genauer an, womit ein Mensch sich im Laufe seines Lebens so die Zeit vertreibt. Du wirst dich bestimmt wundern! Bei diesem Beispiel gehen wir von einer Lebenszeit von 80 Jahren aus.

- 24 Jahre und 4 Monate schlafen

- 12 Jahre fernsehen

- 12 Jahre Gespräche führen

- 2 Jahre und 2 Monate kochen

- 5 Jahre essen

- 16 Monate putzen

- 4 Monate Computerspiele spielen

- 9 Monate spielen Erwachsene mit Kindern

- 8 Jahre arbeiten

- 6 Monate auf der Toilette sitzen

Natürlich sind dies nur einige Beispiele dafür, was ein Mensch so im Laufe seines Lebens tut. Hinzu kommt, dass natürlich nicht jeder Mensch sich stets mit denselben Dingen beschäftigt. Nicht jeder Erwachsene bekommt Kinder, nicht jeder spielt Computerspiele. Wir haben uns einfach einmal einen Durchschnittsmenschen vorgenommen.

Bei den Beispielen rechnet man außerdem mit 24 Stunden – nicht am Stück, sondern insgesamt auf das gesamte Leben verteilt. Wenn der Mensch also rund sechs Monate auf der Toilette sitzt, handelt es sich um insgesamt 4.389 Stunden. Die Rechnung lautet: 6 Monate × 30 Tage × 24 Stunden.

Fragen zum Text

1. Worum geht es in diesem Text? Fasse den Inhalt in einem Satz zusammen!

Antwort:

2. Wie viele Stunden sitzt ein Mensch im Laufe seines Lebens auf der Toilette?

Antwort:

3. Wie viel Zeit verbringt der Mensch mit Essen?

Antwort:

4. Wie viel Zeit verbringt der Mensch mit Arbeiten?

Antwort:

6. Endlich Wochenende

Henry Ford wurde am 30. Juli 1863 in Michigan
geboren. Schon mit zwölf Jahren begann der
Junge in einer Maschinenwerkstatt zu arbeiten
und baute bereits mit 15 Jahren seine erste
Dampfmaschine. Maschinen faszinierten Henry
Ford und so begann er ein Jahr später eine Lehre
zum Maschinisten. Anschließend arbeitete Henry
in verschiedenen Betrieben und experimentierte
nur zu gerne mit Verbrennungsmotoren sowie
Kraftfahrzeugen herum.

Es dauerte nicht lange und Henry Ford baute sich
sein erstes eigenes Auto einfach selbst.
Anschließend stellte er die Welt auf Räder und
baute ein erschwingliches Fahrzeug für die
Öffentlichkeit. Hinsichtlich des Personenverkehrs
sorgte der junge Mann so für eine neue Ära. Eine
neue Zukunft begann.

Und nun folgt endlich das unnütze Wissen, denn es war Henry Ford, der erste
Unternehmer, der seinen Mitarbeitern Samstag sowie Sonntag frei gab. Natürlich
geschah dies nicht nur aus reiner Nächstenliebe. Henry Ford rief das Wochenende ins
Leben der Menschen, um selbst mehr Zeit mit seinen heiß geliebten Autos verbringen
zu können. So entstand das Wochenende und wir sind heute noch glücklich darüber,
dass Henry Ford diese tolle Idee hatte! Wer weiß, vielleicht müsstest du ansonsten
heute sogar sieben Tage die Woche die Schulbank drücken.

Fragen zum Text

1. Worum geht es in diesem Text? Fasse den Inhalt in einem Satz zusammen!

Antwort:

2. Was liebte Henry Ford besonders? Kreuze die richtige Antwort an!

- Motoren
- Autos
- Motorräder
- Lastwagen

3. Warum rief Henry Ford das Wochenende ins Leben seiner Mitarbeiter?

Antwort:

4. Wie sorgte Henry Ford für eine neue Ära?

Antwort:

7. Warum ist die Banane wirklich krumm?

Hättest du die Gelegenheit, einer Banane beim Wachsen zuzuschauen, könntest du diese Frage ganz leicht selbst beantworten. Zu Beginn, wenn die Bananen noch recht klein sind und zwischen den großen Blättern herauswachsen, wachsen sie einfach nach unten. Fallen die Blütenblätter dann ab und die Bananen werden größer, wachsen sie immer weiter nach oben. Bananen richten sich nach dem Licht. Das bedeutet, nach einer gewissen Zeit ändern sie ihre Richtung während des Wachsens. Durch den Richtungswechsel werden sie dann krumm.

Dies kannst du aber auch in einem Obstladen sehen. So gibt es auch bei uns inzwischen die kleinen Baby-Bananen überall zu kaufen. Diese zeigen, wenn überhaupt, nur eine leichte Krümmung. Einige sind sogar gerade. Baby-Bananen werden so gezüchtet. Das heißt, es wird dafür gesorgt, dass diese klein bleiben. Demnach haben diese Bananen gar nicht die Möglichkeit, während des Wachsens ihre Richtung zu ändern. Also bleiben Baby-Bananen fast gerade. Große Bananen hingegen sind immer krumm.

Aber ganz egal, ob gerade oder krumm, Bananen schmecken in jeder Form.

Fragen zum Text

1. Worum geht es in diesem Text? Fasse den Inhalt in einem Satz zusammen!

Antwort:

2. Warum sind Bananen jetzt krumm?

Antwort:

3. Warum bleiben Baby-Bananen fast gerade?

Antwort:

4. Welche Bananen schmecken besser?

Antwort:

8. Erfinder des ersten Smileys

Vor zwei Jahren wäre Harvey Ross Ball hundert Jahre
alt geworden. Bei diesem Mann handelt es sich um
den Erfinder des ersten Smileys. Bekanntlich sind die
einfachsten Ideen stets die besten! Ein gutes Beispiel
liefert da Harvey Ross Ball. Vier Jahre nachdem der
gute Mann seine erste eigene Firma gründete, bekam
er einen Auftrag einer Versicherungsgesellschaft.
Harvey sollte als Webdesigner etwas ins Leben rufen,
was die Stimmung der Belegschaft anhob. Diese
hatte Angst vor Kündigungen.

Die Versicherung wollte entsprechende Ansteck-
Buttons verteilen. Was darauf zu sehen sein sollte,
war Harvey Balls Job. Ob der gute Mann diesen
Auftrag nicht ganz ernst nahm oder ob er
schlichtweg daran glaubte, dass die erste Idee stets
die beste war, man weiß es nicht. Harvey Ball setzte
sich also an seinen Schreibtisch, malte mit geübter
Hand einen gelben Kreis mit zwei Punkten und
einem Halbkreis. Keine fünf Minuten hatte das Ganze
gedauert und schon war der erste Smiley dieser
Welt fertig.

Der Anstecker mit dem gelben Grinsen wurde ein voller Erfolg. Nicht nur die
Mitarbeiter der Versicherungsgesellschaft waren begeistert, denn alsbald wurden sie
ebenfalls an die Kunden verschenkt. Es kamen Bestellungen aus dem ganzen Land
herein. Harvey Ross Ball hatte einen Nerv getroffen, der ihm am Ende lediglich 45
Dollar einbrachte. So viel bekam er für den Auftrag!

Fragen zum Text

   1. Worum geht es in diesem Text? Fasse den Inhalt in einem Satz zusammen!

Antwort:

   2. Welchen Beruf übte Harvey Ross Ball aus?

Antwort:

   3. Wer gab Harvey Ross Ball den Auftrag? Kreuze die richtige Antwort an!

- Autohersteller
- Versicherungsgesellschaft
- Supermarktkette
- Internetfirma

   4. Warum erfand Harvey Ross Ball den Smiley?

Antwort:

TEXTE IM BEREICH UNNÜTZES WISSEN / FAKTEN FÜR DIE KIDS (4. KLASSE)

1. Kakerlaken sind die ältesten Tiere der Welt

Bei den meisten Menschen verursachen Kakerlaken Schrecken, Ekel und Angst. Diese kleinen Krabbeltiere sehen nicht nur etwas ekelig aus, sie scheinen auch noch unbesiegbar zu sein. Vielleicht ist dies auch der Grund dafür, dass Kakerlaken zu den ältesten Tieren auf dieser Welt gehören.

Angeblich gehören Kakerlaken zu den ältesten Insekten, die es auf unserer Erde gibt. Experten begründen dies durch ihre Fossilienfunde. Diese waren älter als 200 Millionen Jahre. So gehören diese Tiere zur Familie der Blattodea. 4.500 Arten umfasst diese. Ein Großteil dieser Kakerlaken lebt in tropischen Regionen dieser Welt.

Die ersten Fossilien von Kakerlaken stammen aus der Karbonzeit. Diese gab es vor circa 300 Millionen Jahren. Zudem wurden aber auch Fossilien von Termiten sowie Mantiden gefunden. Die wahren Ursprünge der Kakerlaken reichen somit sogar bis in die Kreidezeit zurück. Umgangssprachlich wird die Kakerlake ebenso gerne als Küchenschabe bezeichnet. Gerade in der Küche fühlt dieses Tier sich besonders wohl, denn diese Insekten sind Allesfresser.

Fragen zum Text

1. Worum geht es in diesem Text? Fasse den Inhalt in einem Satz zusammen!

Antwort:

2. Wie viele Arten von Kakerlaken gibt es? Kreuze die richtige Antwort an!

- 3.500
- 2.800
- 4.200
- 4.500

3. Aus welcher Zeit stammen die ersten Fossilien von Kakerlaken?

Antwort:

4. Wie wird die Kakerlake noch genannt?

Antwort:

2. Eisbären besitzen eine schwarze Haut

In der Arktis, eines der kältesten Gebiete dieser Welt, lebt der Eisbär. Im Winter kann es hier bis zu minus 50 Grad Celsius kalt werden. Wer in dieser eisigen Kälte überleben möchte, braucht weitaus mehr als nur ein dickes Fell. Augenscheinlich ist das Fell von Eisbären gelblich-weiß. In Wirklichkeit ist dieses aber transparent und Innen sogar hohl. Dadurch kann das Sonnenlicht und somit die Wärme fast gänzlich die Bärenhaut erreichen. Die fünf bis zehn Zentimeter dicke Fettschicht speichert dann diese Wärme. So können Eisbären ihre Energie sparen und dennoch ihre Körpertemperatur konstant hochhalten.

Aber was hat das Ganze jetzt mit der schwarzen Haut der Bären zu tun? Ähnlich wie bei schwarzen und weißen Autos im Winter kühlt ein schwarzes Auto nicht ganz so schnell aus wie ein weißes. Zudem heizt sich dieses in der Sonne schneller auf. Genau diese Eigenschaften besitzt auch die schwarze Haut der Eisbären. Sämtliche Wellenlängen des Lichts können durch die schwarze Haut aufgenommen werden. Im gleichen Zuge wird die Wärme besser gespeichert und sie geht nicht so schnell wieder verloren.

Die Haut von Eisbären ist aber nicht von Geburt an tiefschwarz. Geboren werden diese Tiere mit einer rosafarbenen Haut. Nach und nach verfärbt sich diese dann schwarz.

Fragen zum Text

1. Worum geht es in diesem Text? Fasse den Inhalt in einem Satz zusammen!

Antwort:

2. Wie kalt kann es in der Arktis im Winter werden? Kreuze die richtige Antwort an!

- Minus 40 Grad Celsius

- Minus 30 Grad Celsius

- Minus 50 Grad Celsius

- Minus 60 Grad Celsius

3. Welche Eigenschaften besitzt die schwarze Haut?

Antwort:

4. Kommen Eisbären mit schwarzer Haut auf die Welt?

Antwort:

3. Küssende Eichhörnchen

Nicht alle Tiere des Waldes genießen ihr Leben als Einzelkämpfer. Es gibt auch ein paar Tierarten, die sehr gesellig sind und ihr Dasein nur zu gerne im Familienkreis genießen. Dazu gehören auch einige Eichhörnchen. Mitunter setzen sie für ihre Familienmitglieder sogar Leib und Leben aufs Spiel. In diesem Fall muss es sich aber schon um enge Verwandte handeln.

Vor allem die Eichhörnchen, die im Westen von Amerika leben, halten stets zusammen. Um ihre Nester sowie ihren hilflosen Nachwuchs vor Feinden zu schützen, halten sie im Kampf gegen Räuber stets eng zusammen. Nur gemeinsam können sie ihr Territorium erfolgreich verteidigen. Es kann allerdings passieren, dass ein Hörnchen doch sein Leben lassen muss, wenn es seine Verwandten lautstark ruft.

Im Tierreich hat eines oberste Priorität: Es gilt, das eigene oder zumindest das sehr ähnliche Erbgut zu erhalten. Dieses gilt es schließlich, an die Nachkommen weiterzugeben. Aber wie stellen Eichhörnchen fest, welche Artgenossen zu ihnen gehören und welche nicht? Um den Verwandtschaftsgrad herauszufinden, müssten die niedlichen Tierchen ja schon sehr genaue Messgeräte besitzen! Und tatsächlich besitzen sie so etwas, denn Eichhörnchen sind in der Lage, den genetischen Fingerabdruck zu lesen.

Und genau aus diesem Grund küssen sich Eichhörnchen! Sie sammeln auf diese Weise aus deren Gesichtsdrüsen eine enorme Bandbreite von Duftproben. Am Geruch erkennen die kleinen Nager, wer zu ihrer Familie gehört.

Fragen zum Text

    1. Worum geht es in diesem Text? Fasse den Inhalt in einem Satz zusammen!

Antwort:

    2. Wie verteidigen Eichhörnchen ihre Nester?

Antwort:

    3. Was hat im Tierreich stets Priorität?

Antwort:

    4. Warum küssen sich Eichhörnchen?

Antwort:

4. Nase, Füße und Ohren wachsen ein Leben lang

Wer in die Jahre kommt, bekommt Falten und graue Haare. Das ist wahrscheinlich auch dir bekannt. Aber dass sich das Alter ebenso an anderen Stellen des Körpers zeigt, weißt du vielleicht nicht. Und das sogar an der Nase sowie an den Ohren. Beide Körperteile werden im Laufe des Lebens größer. Dies geschieht, weil das Körpergewebe mit der Zeit erschlafft. So geht die dünne Schicht aus Fett, die sich zwischen Haut und Knorpel befindet, zurück. Ohne diese festigende Fettschicht wird die Haut immer schlaffer und die Ohren größer.

Im gleichen Zuge verschieben sich im Alter Proportionen im Gesicht. Das Gesicht wirkt daher mit den Jahren kantiger. Außerdem treten jetzt Nase und Ohren hervor, sodass beides größer aussieht. Aber nicht nur die Ohren sowie die Nase werden größer, auch die Füße zeigen diese Eigenschaft.

So sind die Füße ein Leben lang einer großen Belastung ausgesetzt. Die Spannkraft der Sehnen, Muskeln und Bänder lässt nach. Dadurch werden die Füße länger sowie breiter. Nicht selten kommt es vor, dass ältere Menschen plötzlich neue Schuhe brauchen, weil sich die Schuhgröße verändert hat.

Fragen zum Text

1. Worum geht es in diesem Text? Fasse den Inhalt in einem Satz zusammen!

Antwort:

2. Warum werden die Ohren im Alter größer?

Antwort:

3. Warum werden die Füße größer, wenn man älter wird?

Antwort:

4. Welche Körperteile verändern sich, wenn man älter wird?

Antwort:

5. Wer erfand den Flummi?

Widerstandsfähig, wasserabweisend und elastisch: Das sind einige Eigenschaften von Gummi. Aus Gummi lassen sich bekanntlich verschiedene Dinge herstellen. Neben Autoreifen, Dichtungen und Latexmatratzen besteht auch der Flummi aus Gummi. Gummi wird zudem aus Kautschukbäumen gewonnen. Viele Unternehmen stellen diesen Rohstoff aber inzwischen auch künstlich her.

Im Jahr 2018 haben deutsche Firmen ungefähr 678.000 Tonnen Kautschuk weiterverarbeitet. 232.000 Tonnen waren davon Naturkautschuk. Dieser stammte aus Indonesien, Malaysia sowie aus Thailand. Kautschukbäume wachsen überwiegend in tropischen Regionen dieser Welt. Sie werden zwischen 15 und 30 Meter hoch. Bevor man den ersten Kautschuk ernten kann, müssen die Bäume zwischen fünf und acht Jahre alt sein.

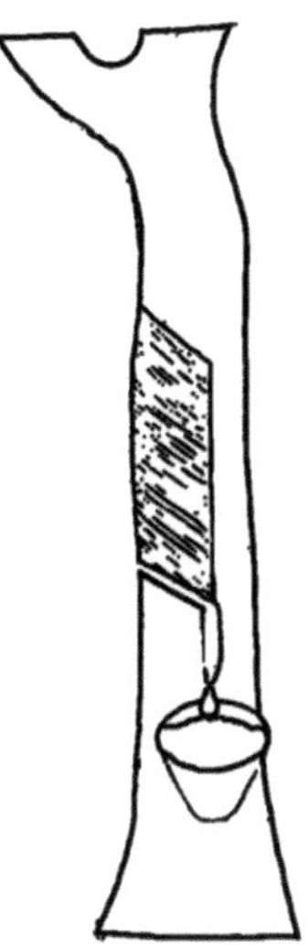

Aber wer hat jetzt eigentlich den Flummi erfunden? Fest steht, die elastischen Bälle zählen zu den ältesten gummiartigen Produkten, die aus Kautschuk bestehen. Bereits im dritten Jahrhundert benutzten Mayas diese Bälle zum Spielen. Damals wogen die Flummis allerdings so viel wie die Medizinbälle heute und waren um einiges größer. Somit wurde der Flummi von den Mayas erfunden.

Fragen zum Text

1. Worum geht es in diesem Text? Fasse den Inhalt in einem Satz zusammen!

Antwort:

2. Welche Eigenschaften besitzt Gummi?

Antwort:

3. **Wie viel Naturkautschuk haben deutsche Firmen 2018 weiterverarbeitet? Kreuze die richtige Antwort an!**

- 678.000 Tonnen
- 445.000 Tonnen
- 232.000 Tonnen
- 535.000 Tonnen

4. **Wann darf der erste Kautschuk aus einem Kautschukbaum gewonnen werden?**

Antwort:

6. Schlafloses Rotwild

Rotwild, also Hirsche und Co., braucht nur sehr
wenig Schlaf. Im Herbst sowie Winter schlafen
diese Tiere lediglich zwischen vier und fünf
Stunden pro Tag. Im Frühjahr und Sommer ist es
sogar noch weniger. In dieser Zeit kommen die
Tiere sogar mit zwei bis zweieinhalb Stunden
Schlaf am Tag problemlos zurecht. Ein kurzer
sogenannter paradoxer Schlaf reicht dem Rotwild.

Meist schläft Rotwild am Tage, denn in der Nacht
ist die Angst vor Feinden größer. Im Rudel
schlafen außerdem nie alle Tiere zum gleichen
Zeitpunkt. Es gibt immer welche, die aufpassen
und wachsam die Umgebung im Blick behalten.
Die genauen Ruheorte hingegen hängen stets
vom Jagddruck ab. Wird viel gejagt, kann man die
Hirsche eher in den Wäldern finden, denn jetzt
werden sie deutlich heimischer. Während der
Setzzeit im Juni bleibt das Rotwild auch lieber im
Wald. Gleiches gilt, wenn das Rudel eher klein ist.

Herrscht dagegen gerade die Brunftzeit, suchen Hirsche gerne freie Gebiete auf. In der
Regel ruhen diese Tiere außerdem in der Bauchlage. Der Blick richtet sich stets nach
der gefährlichsten Seite. Die Läufe werden dabei unter den Bauch gezogen, denn droht
Gefahr, ist so eine schnelle Flucht jederzeit möglich. Schläft das Tier richtig, liegt der
Kopf auf dem Boden. Je tiefer der Schlaf wird, desto weiter sinkt der Kopf zur Seite.
Manchmal wird der Kopf auch an einem Baum abgestützt.

Fragen zum Text

1. Worum geht es in diesem Text? Fasse den Inhalt in einem Satz zusammen!

Antwort:

2. Wie lange schläft Rotwild im Frühjahr und Sommer? Kreuze die richtige
Antwort an!

- Drei bis dreieinhalb Stunden

- Vier bis fünf Stunden

- Zwei bis zweieinhalb Stunden

- Ein bis zwei Stunden

3. Wann schläft Rotwild?

Antwort:

4. Wie schläft Rotwild?

Antwort:

7. Das faulste Tier der Welt ist nicht das Faultier

Koalas sind auf Eukalyptusbäume angewiesen. Diese dienen ihnen nicht nur als Schlafzimmer, sondern bieten ihnen ebenfalls Schutz vor Feinden. Außerdem sind Eukalyptusblätter die einzige Nahrung, die die süßen Tierchen verdauen können. Dabei ist Eukalyptus wegen der ätherischen Öle für die meisten anderen Tiere sehr giftig. Koalas essen diese Blätter hingegen in großen Mengen.

Für die kleinen Beuteltiere sind Eukalyptusbäume die Lebensgrundlage. Die immer öfter auftretenden Buschfeuer sowie Dürren sind daher eine große Gefahr für Koalas. Die Ureinwohner Australiens gaben diesen Tieren ihren Namen. Übersetzt bedeutet Koala nichts anderes als „trinkt nicht". Koalas trinken nämlich tatsächlich nicht. Ihren Wasserbedarf decken die Tiere ausschließlich durch das Fressen von Eukalyptusblättern. Koalas trinken nur, wenn es geregnet hat und das Wasser die Baumstämme herunterläuft bzw. sich direkt vor ihren Näschen befindet.

Koalas sind wahre Faulpelze und das merkt man nicht nur beim Trinken. Allerdings müssen diese Tiere auch faul sein, denn ihre Nahrung liefert ihnen nur wenig Energie und ist schwer verdaulich. Somit bewegen sich Koalas nur sehr wenig und wenn doch nur sehr langsam. Bis zu 20 Stunden am Tag verschlafen Koalas. Damit sind sie die faulsten Tiere der Welt.

Fragen zum Text

   1. Worum geht es in diesem Text? Fasse den Inhalt in einem Satz zusammen!

Antwort:

   2. Was essen Koalas?

Antwort:

   3. Wer gab den Koalas ihren Namen und warum?

- 678.000 Tonnen

- 445.000 Tonnen

- 232.000 Tonnen

- 535.000 Tonnen

   4. Warum sind Koalas so faul?

Antwort:

8. Die allererste Webseite der Welt

Am 6. August 1991 veröffentlichte Tim Berners-Lee die allererste Webseite. So gilt dieser britische Informatiker als Erfinder des Internets. So präsentierte dieser Mann auf der ersten Webseite seine Ideen vom WWW. Die Seite war sehr schlicht gehalten. Es gab keine Videos oder Bilder. Lediglich eine Verlinkung auf andere Webseiten von CERN war zu finden.

Hinter dem Ganzen steckte ein Grundgedanke. Berners-Lee wollte ein System ins Leben rufen, welches Informationen bereitstellt. Diese sollten eingesehen werden können, ohne dass die Menschen sich in einem Raum oder in der gleichen Stadt aufhalten müssen, sie das gleiche Computersystem benutzen oder das Unternehmen gerade geschlossen oder geöffnet ist. Das WWW sollte den Austausch sowie das gemeinsame Arbeiten vereinfachen.

Tim Berners-Lee hat seine Erfindung nie als Patent angemeldet. Auch ein Verkauf als Lizenz fand nie statt. Auch aus diesem Grund soll das Internet so ein großartiger Erfolg geworden sein. So wuchs das WWW mit rasanter Geschwindigkeit und verändert sich seither ständig. Seit der Erfindung des Smartphones ist es uns möglich, jederzeit auf das Internet zuzugreifen. Genau das war die Idee von Tim Berners-Lee. Noch heute gibt es die allererste Webseite der Welt.

Fragen zum Text

1. Worum geht es in diesem Text? Fasse den Inhalt in einem Satz zusammen!

Antwort:

2. Wer erfand die erste Webseite der Welt?

Antwort:

3. Welcher Grundgedanke steckt hinter dieser Erfindung?

Antwort:

4. Warum ist das Internet wahrscheinlich so ein Erfolg geworden?

Antwort:

LÖSUNGEN FÜR DIE TEXTE IM BEREICH DEUTSCH (3. KLASSE)

TEXT 1: SUSANNE FÄHRT GANZ ALLEINE MIT DEM ZUG

Antwort 1: Sie besucht ihre Großeltern.

Antwort 2: Der Schaffner

Antwort 3: Susanne darf sich das Führerhaus ansehen.

Antwort 4: Weil sie sich das Führerhaus im Zug anschauen durfte und dem Schaffner viele Fragen gestellt hat.

TEXT 2: WO IST PAUL?

Antwort 1: Im Zaun war ein Loch.

Antwort 2: Thomas' Hund Paul ist verschwunden.

Antwort 3: Marks Opa ist ein Hund zugelaufen.

Antwort 4: Sie suchen am Baggersee nach Paul. Sie suchen auf dem Feld nach Paul.

TEXT 3: EIN TAG AUF DER KIRMES

Antwort 1: Sie fahren zur großen Kirmes in die Stadt.

Antwort 2: Riesenrad

Antwort 3: Eine große Tüte gebrannte Mandeln

Antwort 4: Achterbahn

TEXT 4: WANDERN AM WOCHENENDE

Antwort 1: Es soll tolles Wetter geben.

Antwort 2: Es gibt neben der Ferienwohnung einen großen Spielplatz, auf dem schon viele Kinder spielen, als sie dort ankommen.

Antwort 3: Mia will lieber mit ihrer Freundin Sandra spielen.

Antwort 4: Sie sehen viele Rehe und sogar einige Eichhörnchen.

TEXT 5: DER FRÜHLING IST ENDLICH DA

Antwort 1: Die Sonne lacht vom Himmel. Es ist endlich Frühling.

Antwort 2: Sie spielen Federball.

Antwort 3: Sie malen Straßen und Wege auf die Straße. Tom und Luise fahren Skateboard, Lena fährt Inlineskates und Jessica spielt einen Fußgänger.

Antwort 4: Sie möchte ihre neue Straßenkreide ausprobieren.

TEXT 6: DAS GEISTERHAUS

Antwort 1: In dem Haus soll ein Geist wohnen.

Antwort 2: In dem Haus gibt es ein kleines Bad, eine Küche und ein Wohnzimmer. Alles befindet sich in einem Raum.

Antwort 3: Der obdachlose Piet

Antwort 4: Anna

TEXT 7: MARIENKÄFER FELIX WÜNSCHT SICH SCHUHE

Antwort 1: Marienkäfer

Antwort 2: Acht

Antwort 3: Marienkäfer Felix hat bei den Menschenkindern Schuhe gesehen.

Antwort 4: Felix rutscht mit den Schuhen bald von einem Blatt ab und wäre fast heruntergefallen.

TEXT 8: UNWETTER IN DEN BERGEN

Antwort 1: Schlechtes Wetter. Es zog ein Gewitter auf.

Antwort 2: Felsvorsprung

Antwort 3: Ja, denn in den Bergen kann das Wetter schnell mal umschlagen.

Antwort 4: Sie gehen vorsichtig zurück ins Tal.

TEXT 9: EIN UNFALL MIT DEM FAHRRAD

Antwort 1: Ein Radfahrer überfuhr eine rote Ampel und fuhr in eine Menschenmenge.

Antwort 2: Einige Passanten liefen einfach an der alten Frau und dem Radfahrer vorbei.

Antwort 3: Krankenwagen rufen

Antwort 4: Jan hatte den Unfall genau gesehen.

TEXT 10: EINE VÖLLIG VERRÜCKTE SPORTSTUNDE

Antwort 1: Draußen auf dem Sportplatz

Antwort 2: Sie üben Weitsprung, Hochsprung, Weitwurf und rennen um die Wette.

Antwort 3: Ein Hund

Antwort 4: Er rennt hinter den Bällen her und bringt sie den Kindern zurück.

LÖSUNGEN FÜR DIE TEXTE IM BEREICH DEUTSCH (4. KLASSE)

TEXT 1: DIE FELDMAUS

Antwort 1: Eine kleine Feldmaus

Antwort 2: Sie sammelt Nüsse für den Winter.

Antwort 3: Eine kleine Wühlmaus

Antwort 4: Es gab genügend Platz im alten Haselnussbaum. Außerdem war es viel schöner, die leckeren Nüsse und die Wohnung zu teilen.

TEXT 2: EINE GRANDIOSE IDEE

Antwort 1: Es sind Osterferien und auch die Eltern haben Urlaub.

Antwort 2: Tom würde gerne seine Großeltern besuchen fahren. Sophie möchte lieber eine Fahrradtour machen.

Antwort 3: Die Strecke für den nächsten Tag planen. Die Fahrräder müssen überprüft werden. Tom und sein Vater müssen eine Fahrradkarte kaufen. Sophie und ihre Mutter müssen die Taschen packen.

Antwort 4: Auf der Fahrradkarte kann man die Radwege sehen. Sie können ja schlecht mit den Rädern auf der Autobahn fahren.

TEXT 3: REGENTAGE SIND NICHT IMMER DOOF

Antwort 1: In Italien auf einem Campingplatz

Antwort 2: Sie gingen schon morgens an den Strand und verbrachten den ganzen Tag am Meer.

Antwort 3: Luna gräbt mit ihrem Vater einen kleinen Graben. Luna spannt mit ihrem Vater eine Plane zwischen die beiden Zelte. Luna zieht ihren Regenmantel an.

Antwort 4: Sara liest in ihrem neuen Buch und Luna spielt mit ihren Eltern Karten.

TEXT 4: EIN TAG IM KLETTERWALD

Antwort 1: Jonas hat Osterferien und die Eltern haben auch einen Tag frei.
Antwort 2: Er liest eine Anzeige in der Zeitung.
Antwort 3: Sie fahren mit dem Fahrrad.
Antwort 4: Damit sie nicht herunterfallen können.

TEXT 5: EIN LÖWE IN DER NACHBARSCHAFT

Antwort 1: Anwohner haben am Freitagmorgen einen Löwen im Gebüsch entdeckt.

Antwort 2: In der Stadt war ein Zirkus zu Besuch.

Antwort 3: Der Löwe aus Plüsch

Antwort 4: Der Löwe lag hinter einem Gebüsch. b: Tierfänger, Feuerwehr und Polizei versuchten, den Löwen einzufangen.

TEXT 6: GIBT ES NINJAS WIRKLICH?

Antwort 1: Ob es Ninjas wirklich gibt und was Ninjas können.

Antwort 2: Name: El Dorado, Eigenschaften: unsichtbar machen, besondere Fähigkeiten: schnell

Antwort 3: Als Kinderheime

Antwort 4: Sie warfen eine Walnuss, aus der Rauchpulver aufstieg. Die schlechte Sicht nutzten die Ninjas dann, um zu verschwinden.

TEXT 7: ES GIBT PIZZA FÜR ALLE

Antwort 1: Carsten und seine Freunde backen zum ersten Mal selber Pizza.

Antwort 2: einen Würfel Frischhefe, 140 Milliliter lauwarmes Wasser, eine Prise Zucker, einen Esslöffel Olivenöl, fünf Gramm Salz und 250 Gramm Weizenmehl

Antwort 3: 250 Gramm passierte Tomaten, einen Teelöffel Salz, einen Teelöffel Pfeffer, einen Teelöffel getrockneter Oregano

Antwort 4: Zuerst wird die Frischhefe mit dem lauwarmen Wasser, dem Zucker und dem Olivenöl gemischt. Anschließend gibt man das Weizenmehl und das Salz dazu und verknetet alles zu einem Teig. Dann muss der Pizzateig eine halbe Stunde ruhen.

TEXT 8: IN INDIEN HEIRATET MAN ANDERS

Antwort 1: Hochzeiten in Indien

Antwort 2: Hochzeitstraditionen gibt es nur in Indien. An die hundert Gäste werden meist in Indien zu einer Hochzeit eingeladen. Der Bräutigam reitet allein zur Trauung.

Antwort 3: Sie wird mit Henna bemalt.

Antwort 4: Mehrere Stunden

TEXT 9: DER DUMME BANKRÄUBER

Antwort 1: Ein Bankräuber raubt eine Bank aus und wird erwischt, weil er einen Briefumschlag mit seiner Adresse vergisst.

Antwort 2: Das ist ein Überfall! Geld oder Leben! Keine Polizei!

Antwort 3: Die komplette Adresse des Bankräubers steht auf einem Zettel.

Antwort 4: Bankräuber ohne Verstand

TEXT 10: JEDER MENSCH VERFÜGT ÜBER RECHTE

Antwort 1: Die gesetzlichen Rechte von Kindern

Antwort 2: 4

Antwort 3: Kinder haben das Recht auf genügend Essen und Trinken. Jedes Kind hat ein Recht auf Freizeit und Spielzeit.

Antwort 4: Jedes Kind hat ein Recht auf eine eigene Meinung. Mädchen und Jungen haben die gleichen Rechte.

LÖSUNGEN FÜR DIE TEXTE IM BEREICH SACHKUNDE (3. KLASSE)

TEXT 1: DAS IMMER LACHENDE TIER

Antwort 1: Um das Quokka, das immer fröhlich aussieht.

Antwort 2: Name: Quokka, Größe: maximal 60 Zentimeter, Ernährung: Gräser, Blätter, Blüten, Tierart: Känguru

Antwort 3: Quokkas leben allein, Quokkas essen Fleisch, Quokkas werden bis zu 80 Zentimeter groß.

Antwort 4: Känguru

TEXT 2: WIE ENTSTEHEN ERDBEBEN?

Antwort 1: Die Entstehung von Erdbeben

Antwort 2: Der Erdkern

Antwort 3: An der Oberfläche befindet sich die Erdkruste, die Erdplatten bewegen sich ständig.

Antwort 4: Seismografen

TEXT 3: WELCHES TIER IST DAS STÄRKSTE AUF DER WELT?

Antwort 1: Die Hornmilbe und ihre Kraft

Antwort 2: Name: Hornmilbe, Gewicht: ein zehntausendstel Gramm, Größe: noch nicht mal einen Millimeter, Lebensraum: am Boden, besondere Eigenschaften: Können das 1.200-fache ihres Körpergewichts tragen

Antwort 3: Der Gorilla

Antwort 4: Weil ein Gorilla nicht das 1.200-fache seines
Gewichtes tragen kann.

TEXT 4: WARUM KÖNNEN FLUGZEUGE FLIEGEN?

Antwort 1: Den Grund, warum Flugzeuge oben bleiben.

Antwort 2: Die obere Seite der Flügel ist gewölbt und die untere
Seite ist ganz flach.

Antwort 3: Unter den Flügeln entsteht ein Überdruck und über
den Flügeln ein Unterdruck.

Antwort 4: Auftrieb

TEXT 5: WELCHES GEHEIMNIS RANKT SICH UM LOCH NESS?

Antwort 1: Das Ungeheuer von Loch Ness

Antwort 2: Das Wasser im Loch Ness ist viel zu kalt. Hier
wachsen weder Pflanzen noch können hier Fische
überleben. Das Ungeheuer hätte keine Nahrung.

Antwort 3: Schottland

Antwort 4: Im Jahr 1933

TEXT 6: WAS ESSEN SCHWEINE?

Antwort 1: Das Leben von Schweinen

Antwort 2: Edelkastanien, Eicheln, Insekten, frisches Gras,
Gemüse, Knollen, Früchte

Antwort 3: Eiweiß und Stärke

Antwort 4: Wenn sie genügend Auslauf und abwechslungsreiche
Nahrung bekommen.

TEXT 7: WIE TRENNT MAN DEN MÜLL RICHTIG?

Antwort 1: Die richtige Trennung von Müll

Antwort 2: Plastik, Dosen, Glasflaschen

Antwort 3: Blau

Antwort 4: Verderblicher Abfall wie Obst- und Gemüseabfälle, Essensreste

TEXT 8: DIE VÖGEL

Antwort 1: Wie Vögel auf unserer Erde und in der Luft leben.
Antwort 2: Mauersegler, Drossel, Schwalbe, Pinguin, Star
Antwort 3: Von den Dinosauriern
Antwort 4: Strauß, Pinguin

TEXT 9: FÜNF SINNE HAT DER MENSCH

Antwort 1: Der Mensch und seine Sinne

Antwort 2: 5

Antwort 3: Sehen, Hören, Schmecken, Riechen, Tasten

Antwort 4: Andere Sinne funktionieren ausgeprägter.

TEXT 10: DIE BANANE

Antwort 1: Alles Wissenswerte über die Banane

Antwort 2: Verschiedene Fledermausarten

Antwort 3: Zwischen einem und sechs Meter

Antwort 4: Aus Stängeln der Bananenblätter

LÖSUNGEN ZU DEN TEXTEN IM BEREICH SACHKUNDE (4. KLASSE)

TEXT 1: RUND UM NORDRHEIN-WESTFALEN

Antwort 1: Die wichtigsten Fakten zu Nordrhein-Westfalen

Antwort 2: Düsseldorf

Antwort 3: 17,93 Millionen

Antwort 4: In Bonn

TEXT 2: WELCHES TIER IST DAS SCHNELLSTE AUF DER WELT?

Antwort 1: Alles Wissenswerte über den Gepard

Antwort 2: Der Segelfisch und der Blaue Merlin

Antwort 3: 110 km/h

Antwort 4: 400 km/h

TEXT 3: AUF DEM MOND GELANDET

Antwort 1: Die erste Mondlandung mit der Apollo 11

Antwort 2: Das ist ein kleiner Schritt für einen Menschen, aber ein großer für die Menschheit.

Antwort 3: Apollo 11

Antwort 4: In einem der Mondmeere

TEXT 4: OHNE WASSER GIBT ES KEIN LEBEN

Antwort 1: Warum es ohne Wasser kein Leben auf der Erde gäbe.

Antwort 2: Gehirn, Nieren, Blut

Antwort 3: Zwischen einem Liter und zwei Litern Wasser

Antwort 4: Unsere Erde verfügt nicht über Unmengen von Wasser.

TEXT 5: DIE OLYMPISCHEN SPIELE

Antwort 1: Alles, was man über die Olympischen Spiele wissen muss.

Antwort 2: Der nationale Sportverband und das Internationale Sportkomitee

Antwort 3: 33

Antwort 4: Je nach Sportart liegt das Alter zwischen 16 und 18 Jahren.

TEXT 6: WAS GESCHIEHT MIT UNSEREM MÜLL?

Antwort 1: Wiederverwertung unseres Mülls

Antwort 2: Der Restmüll, denn diesen kann man nicht anderweitig verwenden.

Antwort 3: Dieser wird nach einiger Zeit wieder zu Erde.

Antwort 4: Dieser wird in den Entsorgungsbetrieben zerlegt und es werden neue Behältnisse bzw. andere Dinge aus ihnen hergestellt.

TEXT 7: SONNENBLUMEN IM GARTEN

Antwort 1: Das richtige Anpflanzen von Sonnenblumen

Antwort 2: Südamerika

Antwort 3: Öl und Biodiesel

Antwort 4: Sie richten sich immer nach der Sonne.

TEXT 8: DER BRAUNBÄR

Antwort 1: So lebt ein Braunbär in freier Natur.

Antwort 2: Bis zu 800 Kilogramm schwer

Antwort 3: Österreich und Schweiz

Antwort 4: Winterschlaf

TEXT 9: WISSENSWERTES ÜBER BÄUME

Antwort 1: Wofür wir Bäume brauchen.

Antwort 2: Bäume wandeln Kohlenmonoxid in Sauerstoff um.

Antwort 3: Sie brauchen ausreichend Sonnenlicht, Wasser, Sauerstoff und Mineralien. Im Sommer brauchen Bäume eine Durchschnittstemperatur von über zehn Grad Celsius. Zudem muss sich die Niederschlagsmenge im Jahr um die 20 cm bewegen.

Antwort 4: In der Antarktis und in der antarktischen Tundra

TEXT 10: DER IGEL

Antwort 1: So leben Igel hierzulande.

Antwort 2: Er igelt sich ein und stellt seine Stacheln auf.

Antwort 3: Kröten, Regenwürmer, Kreuzottern, Käfer, Spinnen, Tausendfüßler

Antwort 4: Sie verlassen sich auf ihre feine Nase.

LÖSUNGEN FÜR DIE TEXTE RUND UM DIE WELT (3. KLASSE)

TEXT 1: DIE CHINESISCHE MAUER

Antwort 1: Informationen zur Chinesischen Mauer

Antwort 2: 21.000 Kilometer lang und sechs Meter breit

Antwort 3: 2.000 Jahre

Antwort 4: Um ihr Land vor anderen Völkern zu schützen.

TEXT 2: WAS ESSEN DIE MENSCHEN IN VIETNAM?

Antwort 1: Alles rund um die Ernährung der Vietnamesen

Antwort 2: Schmackhafte leckere Nachspeise aus Bananen und Kokosnussmilch

Antwort 3: Gewürzte Suppe aus Schweine- oder Rindfleisch mit Gemüse und Reisnudeln

Antwort 4: Ratte und Schlange

TEXT 3: WIE LEBT ES SICH AM LÄNGSTEN FLUSS DIESER WELT?

Antwort 1: Das Leben der Menschen am Nil

Antwort 2: Zur Stromversorgung, als Trinkwasser, zum Bewässern der Felder

Antwort 3: 6.852 Kilometer

Antwort 4: Wasser kann gespart werden, sodass die Felder auch in Trockenzeiten bewässert werden können.

TEXT 4: POLARLICHTER SIND EINFACH MAGISCH

Antwort 1: Alles rund um die Polarlichter

Antwort 2: Süd- und Nordpol sowie die südlichsten Punkte in
Argentinien und Neuseeland

Antwort 3: Wenn der Sonnenwind in die Atmosphäre eindringt.

Antwort 4: Zeichen der Götter

TEXT 5: KARNEVAL IN RIO DE JANEIRO

Antwort 1: Wie man in Brasilien Karneval feiert.

Antwort 2: Alle Sambaschulen

Antwort 3: Zwischen 3.000 und 5.000 Menschen

Antwort 4: Für die Sambaschulen ist es ein Wettbewerb.

TEXT 6: ESSEN EISBÄREN PINGUINE?

Antwort 1: Warum Eisbären keine Pinguine essen.

Antwort 2: Pinguine leben am Südpol und Eisbären am Nordpol.

Antwort 3: Eisbären setzen sich neben die Atemlöcher der
Robben und warten, dass diese Luft holen müssen.

Antwort 4: Seelöwen, Haie und Orcas

TEXT 7: IN INDIEN FEIERT MAN DIE KUMBH MELA

Antwort 1: Alles rund um die Kumbh Mela in Indien

Antwort 2: Die Hindus waschen sich im Fluss Ganges von allem
Schlechten rein.

Antwort 3: Alle drei Jahre

Antwort 4: Im Fluss Ganges

TEXT 8: DAS CHINESISCHE LATERNENFEST

Antwort 1: Warum man in China das Laternenfest feiert.

Antwort 2: Martinsumzug

Antwort 3: Verschiedene Muster, Formen und Farben

Antwort 4: Fabelwesen, Pflanzen oder Tiere finden sich auf den Laternen, die alle mit der chinesischen Kultur in Zusammenhang stehen.

TEXT 9: LACHEN IST UNTERSAGT

Antwort 1: Die königliche Garde in England

Antwort 2: Leuchtend rote Jacke mit goldenen Knöpfen, schwarze Hose und eine schwarze Bärenfellmütze mit weißen Federn auf der linken Seite

Antwort 3: Den Buckingham Palace

Antwort 4: Sie versuchen, die königliche Garde zum Lachen zu bringen.

TEXT 10: WER WAR MARTIN LUTHER?

Antwort 1: Das Leben des Martin Luther

Antwort 2: Über das unchristliche Verhalten der Mönche im Vatikan. Sie verkauften Ablassbriefe.

Antwort 3: 95 Thesen

Antwort 4: Er übersetzte die Bibel ins Deutsche, sodass jeder sie lesen konnte.

LÖSUNGEN FÜR DIE TEXTE RUND UM DIE WELT (4. KLASSE)

TEXT 1: DAS LEBEN AUF HAWAII

Antwort 1: So leben die Hawaiianer im Paradies.

Antwort 2: 130 Inseln gehören zu Hawaii und acht Inseln sind erschlossen.

Antwort 3: Bunte Blumenkränze, hawaiianischer Hula-Tanz, die Ukulele und die Surfkultur

Antwort 4: Englisch und Hawaiianisch

TEXT 2: AUSTRALIEN – DAS LAND AM ANDEREN ENDE DER WELT

Antwort 1: Wie es sich in Australien lebt.

Antwort 2: 50 Grad Celsius

Antwort 3: Great Barrier Reef

Antwort 4: Wombat, Känguru, Emu und Koala

TEXT 3: DIE DREI SCHÖNSTEN SEHENSWÜRDIGKEITEN IN PARIS

Antwort 1: Die Hauptstadt Frankreichs und ihre Sehenswürdigkeiten

Antwort 2: Der Eiffelturm, der Louvre und die Katakomben

Antwort 3: 1.665 Stufen

Antwort 4: Unterirdische Stollennetze und Steinbrüche

TEXT 4: ÄGYPTENS PYRAMIDEN

Antwort 1: Die Pyramiden von Gizeh

Antwort 2: Grabstätten früherer Pharaonen

Antwort 3: Die riesigen Pyramiden von Gizeh wurden damals ohne Maschinen oder Tierkraft errichtet.

Antwort 4: In den Pyramiden liegt jeweils ein Pharao. Die Schätze hingegen sind bereits vor vielen Jahren schon geraubt worden.

TEXT 5: MACHU PICCHU – DIE GEHEIMNISVOLLE INKASTADT

Antwort 1: Die geheimnisvolle Inkastadt Machu Picchu gibt es wirklich.

Antwort 2: Im Jahr 1911

Antwort 3: Sie gehört zum heutigen Weltkulturerbe.

Antwort 4: Berechnung des Kalenders, Bestimmung der Regentage, Tageszeitbestimmung, Planetenbahnen- und Sternenbilderbestimmung

TEXT 6: DAS TOTE MEER

Antwort 1: Informationen zum Toten Meer

Antwort 2: 420 Meter

Antwort 3: Pflanzen und Tiere können in diesem See nicht überleben.

Antwort 4: Spezifische Dichte

TEXT 7: HALLOWEEN

Antwort 1: Deshalb feiern wir Halloween.

Antwort 2: So wurden die Toten geehrt.

Antwort 3: Ein ausgehöhlter Kürbis

Antwort 4: Die Kinder dürfen Streiche spielen.

TEXT 8: VULKANE – DIE GIGANTISCHEN FEUERSPUCKER

Antwort 1: Alles, was man zum Thema Vulkane wissen muss.

Antwort 2: Lava

Antwort 3: Auch ein ruhender Vulkan kann jederzeit wieder ausbrechen. Im Inneren ist es nach wie vor heiß.

Antwort 4: Wenn ein Vulkan länger als 10.000 Jahre nicht mehr ausgebrochen ist.

TEXT 9: WARUM FEIERT MAN IN DEN USA THANKSGIVING?

Antwort 1: Thanksgiving in Amerika

Antwort 2: Während eines harten Winters in Amerika starben viele Pilger. Die benachbarten Ureinwohner halfen ihnen dann, sodass sie überleben konnten.

Antwort 3: Erntedankfest

Antwort 4: Ein üppiges Festessen mit einem Truthahn und ein Dankgebet

TEXT 10: IM RAMADAN IST FASTENZEIT

Antwort 1: Worum es beim Ramadan geht.

Antwort 2: Zuckerfest

Antwort 3: 29 Tage

Antwort 4: Von Sonnenaufgang bis Sonnenuntergang darf nichts gegessen oder getrunken werden. Zudem gilt es, in dieser Zeit besonders nett zu seinen Mitmenschen zu sein.

LÖSUNGEN FÜR DIE TEXTE IM BEREICH UNNÜTZES WISSEN / FAKTEN FÜR DIE KIDS (3. KLASSE)

TEXT 1: WIE VIELE SEITEN HAT EIGENTLICH DAS INTERNET?

Antwort 1: Anzahl der Internetseiten

Antwort 2: George Harwood und Evangelike Walker

Antwort 3: 4,54 Milliarden Seiten zum Zeitpunkt der Berechnung

Antwort 4: 13,6 Kilometer hoch

TEXT 2: SCHMATZEN ODER DOCH LIEBER SCHLÜRFEN?

Antwort 1: Warum manche Menschen beim Essen schmatzen und schlürfen.

Antwort 2: Schmecken und Riechen

Antwort 3: Wer schmatzt und schlürft, schmeckt mehr.

Antwort 4: Die Nase zuhalten

TEXT 3: WARUM IST PUPSEN GESUND?

Antwort 1: Pupsen hält den Menschen gesund.

Antwort 2: Wenn man zu viel Luft beim Essen schluckt oder der Darm zu viele Gase herstellt.

Antwort 3: Pupsen ist ein Zeichen dafür, dass dein Körper gut funktioniert.

Antwort 4: 20-mal circa

TEXT 4: WOZU BRAUCHST DU DEINEN GROSSEN ZEH?

Antwort 1: Funktionen des großen Zehs

Antwort 2: Hilft, die Schritte abzufedern, hält den Körper im Gleichgewicht, ist die Hauptantriebskraft.

Antwort 3: Rückenschmerzen und andere gesundheitliche Probleme

Antwort 4: Rund 75 % deiner Zeit

TEXT 5: ZEITVERSCHWENDUNG ODER NICHT?

Antwort 1: Mit diesen Dingen verbringen wir die meiste Zeit unseres Lebens.

Antwort 2: 6 Monate

Antwort 3: 5 Jahre

Antwort 4: 8 Jahre

TEXT 6: ENDLICH WOCHENENDE

Antwort 1: Warum wir Menschen Wochenende haben.

Antwort 2: Motoren und Autos

Antwort 3: Er wollte selbst mehr Zeit für seine Autos haben.

Antwort 4: Er baute erschwingliche Fahrzeuge für die Öffentlichkeit.

TEXT 7: WARUM IST DIE BANANE WIRKLICH KRUMM?

Antwort 1: Erklärung für die Form der Banane

Antwort 2: Erst wachsen die Bananen nur nach unten. Wenn diese dann größer werden, wachsen sie wieder nach oben, weil sie sich nach dem Licht richten.

Antwort 3: Baby-Bananen ändern beim Wachsen nicht die Richtung.

Antwort 4: Bananen schmecken in jeder Form.

TEXT 8: ERFINDER DES ERSTEN SMILEYS

Antwort 1: Die Geschichte des ersten Smileys

Antwort 2: Er war Webdesigner.

Antwort 3: Versicherungsgesellschaft

Antwort 4: Er sollte etwas erfinden, was die Stimmung der Versicherungsmitarbeiter verbessert.

LÖSUNGEN FÜR DIE TEXTE IM BEREICH UNNÜTZES WISSEN / FAKTEN FÜR DIE KIDS (4. KLASSE)

TEXT 1: KAKERLAKEN SIND DIE ÄLTESTEN TIERE DER WELT

Antwort 1: Kakerlaken leben schon ewig auf dieser Erde.

Antwort 2: 4.500 Arten

Antwort 3: Älter als 200 Millionen Jahre

Antwort 4: Küchenschabe

TEXT 2: EISBÄREN BESITZEN EINE SCHWARZE HAUT

Antwort 1: Funktion der schwarzen Haut von Eisbären

Antwort 2: Minus 50 Grad Celsius

Antwort 3: Die schwarze Haut der Eisbären nimmt die Wärme des Sonnenlichtes auf und speichert diese.

Antwort 4: Eisbärbabys haben eine rosa Haut.

TEXT 3: KÜSSENDE EICHHÖRNCHEN

Antwort 1: Eichhörnchen küssen sich nicht, weil sie sich so lieb haben.

Antwort 2: Sie rufen ihre Verwandten und vertreiben den Feind gemeinsam.

Antwort 3: Es gilt, das eigene oder zumindest das sehr ähnliche Erbgut zu erhalten.

Antwort 4: Eichhörnchen küssen sich, um herauszufinden, ob es sich bei dem anderen Eichhörnchen um einen nahen Verwandten handelt.

TEXT 4: NASE, FÜSSE UND OHREN WACHSEN EIN LEBEN LANG

Antwort 1: Gewisse Körperteile wachsen stetig.

Antwort 2: Haut und Knorpel verlieren an Elastizität und so werden die Ohren länger und sehen größer aus. Außerdem wird das Gesicht kantiger, was die Ohren hervorstehen lässt.

Antwort 3: Die Spannkraft der Sehnen, Muskeln und Bänder lässt nach. Sie werden länger und breiter.

Antwort 4: Nase, Füße und Ohren

TEXT 5: WER ERFAND DEN FLUMMI?

Antwort 1: Erfindung des Flummis liegt schon Jahrhunderte zurück.

Antwort 2: Widerstandsfähig, wasserabweisend und elastisch

Antwort 3: 678.000 Tonnen

Antwort 4: Wenn der Baum zwischen fünf und acht Jahre alt ist.

TEXT 6: SCHLAFLOSES ROTWILD

Antwort 1: Rotwild braucht nur wenig Schlaf.

Antwort 2: Zwei bis zweieinhalb Stunden

Antwort 3: Meist am Tage

Antwort 4: In der Regel schlafen die Tiere in der Bauchlage, mit den Läufen unter dem Bauch.

TEXT 7: DAS FAULSTE TIER DER WELT IST NICHT DAS FAULTIER

Antwort 1: Der Koala ist fauler als das Faultier.

Antwort 2: Eukalyptusblätter

Antwort 3: Die Ureinwohner Australiens. Übersetzt bedeutet Koala „nicht trinken", denn diese trinken tatsächlich so gut wie nichts.

Antwort 4: Ihre Nahrung liefert nur wenig Energie und ist außerdem schwer verdaulich.

TEXT 8: DIE ALLERERSTE WEBSEITE DER WELT

Antwort 1: Die erste Webseite dieser Welt ist heute noch online.

Antwort 2: Tim Berners-Lee

Antwort 3: Die Menschen sollten sich Informationen suchen und sich austauschen können, ohne sich in einem Raum aufhalten zu müssen bzw. denselben Computer nutzen zu müssen.

Antwort 4: Diese Erfindung wurde nie patentiert. Auch ein Verkauf als Lizenz fand nie statt.

SCHLUSSWORT

Wenn du hier angekommen bist, hast du mit Sicherheit jede Menge gelernt. Jetzt bist du für jeden Text in der Schule gewappnet. Ganz egal, was da auch kommen mag, du wirst das Gelesene bestimmt ohne Probleme verstehen können. Auch das Beantworten der Fragen wird dir in Zukunft viel leichter fallen und dabei wird es keine Rolle spielen, um welchen Text es sich handelt.

Sowohl deine Lehrer als auch deine Mitschüler werden sich wundern, wie toll du plötzlich jeden Text lesen kannst und wie super du das Ganze verstehst. Da wird es bestimmt den einen oder anderen Aha-Moment geben und Lobeshymnen regnen!

Viel Spaß beim Lesen und Lernen!

IMPRESSUM

1. Auflage

Copyright 2024 – Susanne Rosenberg

Alle Rechte vorbehalten.

Das Werk darf - auch teilweise - nur mit Genehmigung des Verlags vervielfältigt werden.

ISBN: 978-3-98935-587-3

Lucid Page Media (ein Imprint der Orbita Media GmbH)

Ericusspitze 4

20457 Hamburg

Deutschland

kontakt@lucidpagemedia.de

Satz und Gestaltung: Tigaboys Cover-gestaltung: Marius Hirscher

Illustrationen: Vexels